Johanne Lavoie
Préface de la Dre Danielle Gryspeerdt, psychologue

Je t'aime...
je ne t'aime plus!

50 CLÉS
pour ***comprendre*** et ***améliorer***
vos relations amoureuses,
amicales et familiales

PERFORMANCE Édition

PERFORMANCE Édition 450-448-7748

info@performance-edition.com
www.performance-edition.com

Distribution pour le Canada : Prologue Inc.
Pour l'Europe : DG Diffusion
Pour l'Europe en ligne seulement : www.libreentreprise.com

ISBN 978-2-924941-60-7
EPDF 978-2-924941-61-4
EPUB 978-2-924941-62-1

Dépôt légal 4eme trimestre 2020
Dépôt légal Bibliothèque et Archives nationales du Québec
Dépôt légal Bibliothèque nationale du Canada

Nous reconnaissons l'aide financière du gouvernement du Canada par l'entremise du Fonds du livre du Canada pour nos activités d'édition.
Nous remercions la Société de développement des entreprises actuelles du Québec pour son appui à notre programme de publication.

Limite de responsabilité :
L'auteure et l'éditeur ne revendiquent ni ne garantissent l'exactitude, le caractère applicable et approprié ou l'exhaustivité du contenu de ce livre. Ils déclinent toute responsabilité, expresse ou implicite, quelle qu'elle soit.

Les noms des clients mentionnés dans ce livre sont fictifs et les exemples sont tirés de situations composites issues de la pratique de coaching de l'auteure.

Imprimé au Canada

À toi, qui tiens ce livre entre tes mains,
c'est le début d'une belle relation entre nous.

Tout au long de ta lecture,
je parsèmerai ton chemin de clés.

À toi de déverrouiller la porte de ta prison
qui s'ouvrira sur la voie du mieux-être.

Table des matières

Remerciements

Merci à toi, mon chéri, qui m'inspires à vouloir sans cesse devenir une meilleure version de moi-même. Il m'est possible d'être en harmonie avec moi pour vivre une relation équilibrée et saine avec toi. Je peux finalement me donner le droit d'accepter l'amour que tu me prodigues sans m'oublier. Merci de m'offrir la sécurité et le réconfort qui me permettent d'avoir l'esprit libre afin d'être en harmonie avec ma mission et de contribuer à paver la voie du mieux-être en partageant mes connaissances.

Merci à ma famille, que je sais avoir choisie en vue d'apprendre dans cette vie, une famille parfaitement imparfaite qui me permet d'évoluer et de grandir, et de voir également le chemin que j'ai parcouru, de la petite fille introvertie qui marmonnait et qui marchait les épaules voûtées par manque de confiance, à la femme courageuse, bienveillante et confiante que je suis aujourd'hui. Un merci tout spécial à ma fille, de m'offrir le bonheur d'être une mamie et d'entretenir une relation d'amour inconditionnel avec mes petites-filles.

Alors que je suivais une formation en programmation neurolinguistique, la directrice nous disait que la vie mettrait sur notre chemin les clients dont nous avions besoin pour poursuivre notre évolution en tant que coachs. Pour ma part, moi qui étais célibataire à l'époque et qui n'avais pas d'expérience amoureuse de longue durée, mais beaucoup d'expérience à court terme, la vie m'a amené beaucoup de couples en quête de coaching. J'ai appris beaucoup grâce à vous, merci.

Depuis le début de ma pratique, j'ai fait aussi beaucoup de coaching familial où les relations mère-fille ont constitué un défi particulier, tout comme ce l'avait été pour moi sans savoir réellement comment agir à l'époque, faute d'outils. Je peux maintenant accompagner ces femmes avec bienveillance en leur offrant les clés dont j'aurais tant aimé disposer au départ.

Chaque client que la vie met sur mon chemin a quelque chose à m'apprendre, ce qui me permet maintenant de partager encore plus mes connaissances. Sans vous, je ne serais pas la femme, l'auteure, la coach et la conférencière que je suis aujourd'hui. Vous m'aidez à me sculpter un peu plus à chacune de nos rencontres et des relations que nous nouons ensemble. Chaque fois, je suis remplie de gratitude.

En décembre 2016, j'ai fondé le groupe de discussion Borderline Anonyme, qui a pour but de démystifier le trouble de la personnalité limite et d'offrir des outils et de l'espoir dans le respect et le non-jugement. Les participants y puisent un fort sentiment d'appartenance en découvrant qu'ils ne sont pas seuls à ressentir avec une telle intensité ce qui se passe en eux à travers leurs filtres et distorsions. Dans ma pratique, je rencontre des gens qui ont un diagnostic de trouble de la personnalité limite (ou *borderline*), un trouble relationnel ou tout simplement des difficultés relationnelles sans diagnostic, ou encore des proches de gens qui vivent avec des troubles relationnels. C'est un laboratoire riche d'apprentissages pour moi. Merci pour vos partages et votre confiance.

Il m'arrive parfois de vivre de petits moments de doute où je me demande si le temps et l'énergie que je mets à l'écriture en valent vraiment la peine, et alors je me remets en question. Chaque fois, un courriel me parvient comme par magie avec le témoignage d'une personne que la lecture de *Borderline... mais pas folle!* ou *Borderline... et heureuse* a aidée à se comprendre ou à comprendre un proche, qui me dit que les outils et stratégies dont je parle lui ont carrément sauvé la vie. Alors je sais que c'est pour vous que j'ai écrit ces livres, et le doute s'envole. Merci de prendre le temps de m'écrire ou de venir me voir aux Salons du livre; vous n'avez pas idée combien vos bons mots me font du bien et me donnent le carburant dont j'ai besoin pour vous offrir encore plus d'apprentissages comme ce nouveau livre. À quoi bon acquérir toutes ces connaissances si je les garde pour moi seule?

Merci à Danielle Gryspeerdt, docteure en psychologie, d'avoir écrit sa magnifique préface et surtout de m'avoir donné le plus beau des cadeaux : *le sommeil.* Il y a plusieurs années, j'ai eu la chance de faire une thérapie du sommeil avec Danielle, ce qui a complètement changé ma vie. Lorsqu'on dort bien, on a une meilleure énergie, mais aussi un meilleur contrôle sur ses pensées et comportements. Un gros merci, Danielle, d'être la femme authentique que tu es. Qu'une spécialiste en santé mentale dise qu'elle a connu un moment d'anxiété devant ma demande d'écriture de la préface de ce livre donne le droit, je crois, à quiconque est moins bien outillé d'en vivre. Cela me confirme que même les gens qui ont tout un bagage de connaissances vivent parfois des moments de fragilité, et pour moi c'est rassurant. Merci d'avoir accepté ce défi. Je t'en suis très reconnaissante.

Merci à Marie-Josée Blanchard, PDG de Performance Édition, de me faire confiance et de m'offrir cette liberté d'être, avec toutes mes couleurs. Et un merci particulier aux correctrices qui font que ce livre est facilement accessible pour vous, chers lecteurs. Il m'arrive de penser que ce que j'écris est clair, puisque ce l'est pour moi, mais il y a un travail exceptionnel derrière tout ça afin que ce soit aisément saisissable pour tous.

Merci à Caroline Marino, de la boutique Infini Shopping, pour la commandite de mes vêtements lors de la séance photo de la couverture arrière (https://infini-shopping.com/), et surtout pour son amitié sincère dans le respect de qui nous sommes dans toutes nos couleurs et différences.

Merci à Sonia Daviault (https://www.soniadaviaultphoto.com/) pour la photo de la couverture arrière. Le lien du cœur qui nous unit depuis la petite école ne perd jamais de sa force, même quand les années nous séparent. Chaque fois, nous nous retrouvons comme si nous ne nous étions jamais quittées.

À propos de l'auteure

Avant que je devienne auteure, la vie traçait doucement ma voie…

Déjà au cégep, en technique d'intervention en loisirs, j'apprenais à bien communiquer et à comprendre les gens. Mes stages m'ont permis de travailler avec tous les groupes d'âge, mais plus particulièrement avec les adolescents et les personnes âgées, qui m'ont beaucoup appris.

Je suis d'avis que nous n'avons pas à passer nous-mêmes par toutes les expériences de la vie et qu'avec une bonne écoute, nous pouvons nous enrichir du parcours de chacun. C'est la meilleure école que celle de la vie.

Après le cégep, j'étais déjà consciente d'avoir plus de solutions que de problèmes. J'ai décidé de m'inscrire à l'Université du Québec à Trois-Rivières, en génagogie, cette discipline qui a pour but de déterminer les processus de communication, d'animation et d'organisation au moyen desquels un groupe se constitue et opère efficacement. J'ai poursuivi mon apprentissage en suivant plusieurs formations sur le travail d'équipe, la résolution de problèmes et la communication. L'apprentissage fait partie intégrante de ma vie depuis toujours. Je me forme à devenir sans cesse la meilleure version de moi-même.

Par la suite, la vie m'a conduite en entreprise où j'ai travaillé pendant treize ans. J'ai pu y observer des gens évoluer dans un environnement totalement différent de celui du loisir, et à l'aide du concept de *kaizen*[1] et de comités de travail, j'ai participé à l'amélioration des services et de la vie au sein d'une grande entreprise.

Je m'intéresse particulièrement à tout ce qui a trait à l'évolution de l'être humain et j'en suis venue à comprendre pourquoi certaines personnes réussissent tout ce qu'elles entreprennent. Les gens qui se mettent en action obtiennent des résultats, et j'ai choisi à mon tour de prendre ma vie en main afin d'être le seul maître de mon destin. Depuis, dans chacune des sphères de ma vie, je vis de magnifiques réussites.

En 2008, à la suite d'un grave accident de voiture, j'ai mis deux ans et demi pour réapprendre à marcher. En fait, je ne devais plus jamais pouvoir le faire. Pour mon médecin et les spécialistes, je suis une miraculée. D'où l'importance de croire en nous, nos capacités étant beaucoup plus grandes que nous ne le pensons.

Si j'avais prêté attention à tous ces spécialistes plutôt que de croire en moi et de prendre ma guérison en main, je ne marcherais pas aujourd'hui. Si je les avais écoutés et que je m'étais résignée, je n'aurais pas fait trois semi-marathons par la suite et parcouru mille kilomètres sur le chemin de Compostelle.

---

[1] Mot japonais synonyme d'amélioration, le kaizen désigne l'effort continu que déploie chaque employé à l'amélioration des processus et des systèmes d'une entreprise donnée. Le concept fut introduit il y a trente ans par Masaaki Imai dans son livre *KAIZEN* (McGraw-Hill).

Pendant ma convalescence, comme je ne suis pas aussi active qu'à l'habitude, je me tourne vers la lecture pour alimenter ma soif de connaissances. Je poursuis également mes recherches, mes formations et mon travail sur moi-même pour continuer de sculpter celle que j'ai envie d'être et me sentir bien avec moi-même.

En 2013, la vie me scie les jambes à nouveau, cette fois avec un diagnostic de dépression majeure sévère et de trouble de la personnalité limite, dont je souffrais depuis si longtemps sans savoir ce que j'avais. Me sentant invincible à la suite de mon accident de voiture, je m'étourdissais dans le travail sans me rendre compte que j'évitais ainsi d'être seule avec moi-même. Habitée d'une soif de vivre, après avoir pris conscience de la fragilité de la vie, je décide alors de prendre ma guérison psychoémotive en main comme je l'avais fait pour ma jambe, et la suite est également un miracle. Enfin, à 45 ans, je suis heureuse.

En 2014, je découvre la programmation neurolinguistique (PNL) et je trouve enfin les techniques qui me permettront de maîtriser pleinement ma vie. J'ai suivi cette formation au départ pour m'aider, puis j'ai compris que, forte de ces techniques et de mon expérience avec le trouble de la personnalité limite, je pouvais aussi aider les autres. C'est ainsi que j'en suis venue à changer de carrière pour devenir coach en PNL, conférencière et auteure.

J'ai réalisé, depuis, des objectifs sportifs et professionnels pour dépasser mes limites, ce qui me démontre encore une fois que rien n'est impossible et que chacun d'entre nous a toutes les ressources voulues pour réussir.

J'ai fondé en 2016 le groupe de discussion Borderline Anonyme, qui se tient en salle à Mirabel et partout au pays par visioconférence, à l'intention des gens qui ont un trouble relationnel, notamment le trouble de la personnalité limite ou des troubles associés, et les proches de ceux qui vivent avec un diagnostic de trouble de la personnalité. Plus de quatre cents personnes y ont participé à ce jour.

En 2017, j'ai publié un premier livre, devenu un succès de librairie en seulement cinq mois : *Borderline... mais pas folle : Un guide pour vivre heureux au quotidien*. Depuis, je donne des conférences un peu partout au Québec sur le thème de « Borderline... mais pas folle! 100 stratégies gagnantes pour vivre heureux au quotidien ». Je donne également des conférences en entreprises, « Employés heureux, employeurs gagnants », qui ont pour but de donner aux employés des outils pour être heureux et éviter l'épuisement au travail.

J'ai ajouté plusieurs autres cordes à mon arc pour mieux accompagner les gens sur la voie du mieux-être, notamment une formation en neuroscience avec le docteur Vincent Paquette, fondateur de l'Institut PsychoNeuro. J'ai, en outre, suivi une formation exceptionnelle auprès du docteur Peter Wrycza, « Conversations on the edge of silence », grâce à laquelle j'ai acquis des principes de transformation et d'éveil de la conscience.

J'ai, par la suite, suivi une formation de praticienne et facilitatrice avec Access Consciousness. On y enseigne une technique énergétique qui permet, par le toucher de trente-deux points situés sur la tête, d'agir sur différents domaines de la vie. Chaque zone correspond à un domaine particulier : conscience, créativité, joie, sexualité, argent, contrôle, guérison... Nous sommes comparables à un ordinateur dont de nombreux programmes inutiles encombrent la mémoire.

En 2019, la sortie de mon second livre, *Borderline... et heureuse : Un nouveau regard sur le trouble de la personnalité limite 100 stratégies gagnantes,* me rend particulièrement fière. J'ai modélisé des gens qui vivent bien avec le trouble de la personnalité limite et qui partagent leur vécu et leurs stratégies gagnantes.

J'ai appris avec le temps que nous avons le choix de suivre le courant et de vivre avec des regrets ou de prendre le plein contrôle de notre vie. Le grand secret que personne ne nous révèle, c'est que la maîtrise de notre vie s'accomplit avec simplicité, mais que ça nous demande un effort. Quand on fait l'effort d'y croire et de passer à l'action, la vie devient notre complice et des choses extraordinaires se produisent. Ça fonctionne à tout coup, pourvu qu'on y croie et qu'on passe à l'action.

Y croire sans agir ne donne strictement rien, car rien n'arrive par magie. Inversement, agissons sans être persuadés que nos gestes nous mèneront là où nous voulons aller et nous allons nous saboter pour nous donner raison. Tout repose sur la foi : vous devez d'abord croire en vous, en vos projets et objectifs, et ensuite poser de petits gestes concrets dans votre quotidien. C'est ainsi que votre vie se transformera graduellement jusqu'à ce qu'un jour vous vous réveilliez dans la vie de vos rêves.

Aujourd'hui, j'accomplis chacun de mes rêves pour vivre MA vie idéale : Je me rends en Inde pour y faire de l'aide humanitaire. Je donne aussi des conférences dans le but de partager mes outils avec le plus grand nombre de gens possible.

Quand on choisit d'avoir le plein contrôle sur sa vie, on choisit de la vivre intensément et sans aucun regret. Rien ni personne ne peut décider de notre vie, elle nous appartient. Nous sommes responsables de notre bonheur comme de notre malheur à chaque instant de notre vie.

Je me suis donné pour mission de faire connaître le trouble de la personnalité limite et les clés qui me servent au quotidien pour vivre heureuse malgré cette étiquette. Ces clés ont aidé des milliers de personnes et je suis moi-même la preuve qu'elles fonctionnent et que tout est possible.

À la fin de ce livre, vous aurez en main toutes les clés pour vivre des relations saines et harmonieuses.

Préface de la
D^re^ Danielle Gryspeerdt

C'est tout un honneur que d'écrire cette préface pour ce troisième ouvrage de Johanne Lavoie, qui est une telle inspiration pour le mouvement de récupération du trouble *borderline*. Johanne a fait face à de nombreux défis et peurs dans son cheminement vers la croissance et le rétablissement, et continue de poursuivre sa carrière et ses objectifs personnels avec tant de grâce et de vigueur. J'ai accepté le défi que Johanne m'a proposé avec beaucoup d'excitation et d'anticipation (et un peu d'anxiété dans le mélange).

Le concept d'« amour » est si universellement recherché et vénéré. Il est bien connu qu'une relation de couple heureuse et stable a des effets positifs sur la santé mentale et le bien-être. La définition de l'amour que j'utiliserai ici est celle de l'attachement émotionnel. Lorsqu'il est assuré, les gens récoltent les avantages d'être amoureux. Cet attachement émotionnel peut être difficile pour le commun des mortels.

Cependant, ceux qui ont des troubles relationnels, des traits du trouble de la personnalité, ou le trouble de la personnalité limite ou borderline ont souvent un modèle d'insécurité dans leurs liens d'attachement. Cette insécurité dans l'attachement a un effet profond sur le développement des relations amoureuses des adultes. De nombreuses personnes vivant avec un trouble relationnel ont des relations intenses, malheureuses et instables. Certaines se retirent entièrement du développement de relations de couple, d'amitié ou familiales par crainte de se blesser, faute d'outils que Johanne vous offre dans ce livre.

La littérature sur les liens d'attachement décrit généralement trois types d'attachements non sécurisés : l'attachement effrayant, l'attachement évitant et l'attachement désorganisé (Ainsworth, Mary D., « Attachments beyond infancy », *American Psychologist*, vol. 44, n° 4, 1989, pp. 709-716).

Les personnes qui ont un attachement effrayant ont une anxiété accrue face à la disponibilité et à l'acceptation d'un proche, ainsi que des doutes chroniques sur l'estime de soi.

Les personnes avec des modèles d'attachement évitant démontrent une indépendance très prononcée et nourrissent des doutes quant aux avantages de l'intimité et de la confiance aux autres pour répondre à leurs besoins (Arriaga, X. B. et coll., « Filling the void : bolstering attachment security in committed relationships », *Social Psychological and Personality Science*, 2013, pp. 1-9).

Les personnes dont l'attachement est désorganisé passent, pour leur part, d'extrêmement proches d'un autre à détachées et distantes, ne sachant pas quel modèle utiliser. Souvent, les personnes dont l'attachement est désorganisé se déconnectent émotionnellement des autres et agissent comme si elles étaient sur le pilote automatique, ce qui ne fait qu'accroître leur anxiété (Weise, M., « Resilience and recovery of insecure attachment style within clinical practice », *Journal of Psychology & Psychotherapy*, vol. 9, n° 2, 2019, pp. 1-9).

Un changement dans les modèles de relations est possible et une baisse de l'insécurité d'attachement se produit alors au fil du temps. Au fur et à mesure que les personnes ayant un trouble relationnel prennent conscience de leur comportement, de ses causes et de ses conséquences, un attachement sécurisé peut être renforcé. En fin de compte, il est possible de changer la sécurité à l'attachement de ceux qui relient différemment le modèle et les expériences relationnelles, changement qui est essentiel à la récupération et au développement de la résilience.

Johanne est profondément attachée au rétablissement de ceux qui souffrent de troubles relationnels, dont le trouble de la personnalité limite. Pour ce faire, elle a remis en cause ses schémas de relation et fait les changements nécessaires pour développer des comportements qui reflètent davantage un schéma d'attachement sécurisé, soit celui d'amour.

Elle considère ses objectifs personnels comme dignes et développe ses compétences uniques sans avoir besoin de la validation des autres. Elle a également développé des liens étroits, certaine que les personnes dont elle est proche seront sensibles à ses besoins. Johanne est un modèle d'espoir pour ceux qui souffrent de troubles relationnels.

D^{re} Danielle Gryspeerdt, psychologue en pratique privée et au département des troubles relationnels du CISSS des Laurentides

Avant-propos

Mon intention en écrivant ce troisième livre est de partager avec vous les connaissances que j'ai acquises et les clés que j'ai découvertes au fil des années sur les relations interpersonnelles et amoureuses. Chaque personne qui entre dans mon bureau, qu'elle ait ou non un trouble de la personnalité, semble éprouver à différents degrés des troubles relationnels, parfois dans une seule sphère de sa vie, parfois dans plusieurs.

Vous avez été des centaines à m'écrire, à téléphoner et à venir chercher de l'aide par le biais de mes conférences, groupes de discussion et coachings. Je vous ai écoutées et entendues. Plus que tout, vous vouliez vivre heureux et en paix malgré des relations difficiles afin de mener une vie qui vaut la peine d'être vécue, à l'image de ce que vous désirez.

Les relations amoureuses, et celles que vous entretenez avec la famille, les amis et les collègues, semblent souvent alimenter vos histoires du fait qu'elles créent en vous un vide, de l'anxiété et un mal-être.

Nous parlerons beaucoup d'histoires dans ce livre puisque vous vous reconnaissez souvent dans celles-ci et que j'adore pour ma part en raconter. Nous verrons que tout ce que nous racontons ne reste toujours qu'une histoire et que, selon notre perception des choses, notre expérience de vie et nos valeurs, chacun interprète les choses différemment.

Avons-nous raison pour autant, et l'autre a-t-il tort? Bien sûr que non! Tout est question de perception. Pour reprendre les propos des fondateurs d'Access Consciousness, Gary Douglas et Dain Heer, tout point de vue, aussi intéressant soit-il, ne reste toujours qu'un point de vue intéressant. Est-ce la réalité? Vous voyez les choses de votre point de vue; c'est votre réalité, mais ce n'est pas nécessairement celle de l'autre. Et tout est vrai, votre point de vue comme le sien, puisque vous n'avez pas les mêmes croyances, connaissances et expériences, qui viennent teinter votre point de vue respectif.

Voici donc la raison pour laquelle je parle d'histoires et non de faits. Un fait, pour moi, est une action concrète. Par exemple, ma fille et moi avons un jour été témoins d'un accident de voiture. C'est un fait. Ma perception de la façon dont l'accident s'est produit était complètement différente de celle de ma fille, possiblement en raison de mon expérience de la route alors qu'elle ne conduisait pas encore à ce moment.

Je me suis donc penchée plus particulièrement sur la question de la compréhension des perceptions, en vue d'une meilleure communication. J'ai analysé mes expériences personnelles ainsi que celles des gens qui me consultent afin d'en tirer des schèmes de vie. J'ai ainsi pu cerner des difficultés récurrentes qui m'ont menée aux 50 clés que je vous présente dans ces pages ainsi qu'au plan d'action que vous pourrez mettre en application dans votre quotidien.

Je suis une femme authentique. Je serais incapable de vous dire que je vis bien avec le trouble de la personnalité limite, qui est un trouble relationnel, si ce n'était pas le cas. Mais qui de mieux placé qu'une personne qui réussit à entretenir des relations harmonieuses tout en vivant avec un trouble relationnel pour vous parler de relations saines? Si je réussis maintenant à entretenir de belles relations malgré une mauvaise programmation à la base, si des milliers de personnes y arrivent, vous en êtes capable vous aussi. Il s'agit dans un premier temps de bien comprendre ce qui nous habite pour ensuite trouver des solutions.

Je ne peux prétendre être heureuse à chaque instant de ma vie, car ce serait vous mentir. Mais qui est heureux en permanence? Et je ne serais pas honnête si je vous cachais qu'il m'arrive encore parfois d'avoir des relations plus difficiles. Je crois que chaque personne qui croise notre chemin a quelque chose à nous apprendre. Tant que nous ne prenons pas conscience de cet apprentissage, tant que nous ne tirons pas de leçons de nos erreurs, nous reproduisons ces mêmes erreurs et continuons de nous attirer le même genre de personnes.

D'où l'importance de prendre le temps de s'arrêter pour se comprendre. Je crois que tout est possible à partir du moment où l'on acquiert des connaissances. Le plus bel exemple qui me vient à l'esprit est le temps qu'il nous a fallu, enfants, pour apprendre à lacer nos chaussures.

Je ne me rappelle pas mon propre apprentissage dans ce domaine, et peut-être est-ce aussi votre cas, mais je me rappelle avoir montré à ma fille comment faire. La première fois, nous avons dû nous asseoir pendant que je lui expliquais le processus en le faisant pour elle à quelques reprises. Puis je lui ai dit d'essayer elle-même. Quand elle n'a pas réussi du premier coup, elle a lancé sa chaussure. Je suis allée la récupérer et nous avons recommencé. Ça n'a pas été facile.

Ça ne s'est pas fait instantanément. Il lui a fallu du temps pour comprendre et reproduire mes gestes, cela avec de la pratique et encore de la pratique. Mais vous savez quoi? Ma fille attache ses chaussures depuis plusieurs années déjà et n'a plus besoin de concentration. C'est devenu un automatisme, comme ce l'est pour nous.

Quand on est petit, on apprend énormément de choses qui deviennent, avec le temps, des automatismes. En vieillissant, nous oublions tout le chemin parcouru depuis notre naissance et le temps qu'il nous a fallu pour apprendre à manipuler habilement une cuillère, à parler clairement ou à rouler à bicyclette, et nous voudrions qu'en lisant un livre le changement s'opère en nous instantanément, sans rien faire, comme par magie.

Le livre est l'apprentissage. Il nous faut ensuite le mettre en pratique jusqu'à ce que nous en fassions un automatisme, une nouvelle programmation. Il arrive qu'en tant qu'adultes il nous faille défaire une programmation que nous avons achetée, enfants, mais qui n'a plus sa place dans notre vie d'adulte. Par exemple, une erreur très commune comme parents est de dire que nous n'avons pas d'argent lorsque notre enfant demande un jouet plutôt que d'expliquer qu'il n'en a pas besoin ou qu'il en a déjà suffisamment. L'enfant qui se fait répéter ce genre de propos peut développer un sentiment d'insécurité. S'il n'en prend pas conscience une fois adulte, il risque de souffrir d'insécurité financière, réelle ou imaginaire, toute sa vie. Mais je m'égare, revenons à nos relations.

Vous a-t-on dit régulièrement, dans votre enfance, que vous n'étiez pas assez ceci ou trop cela, ce qui était peut-être vrai à l'époque, alors que vous en étiez à découvrir qui vous étiez? Avez-vous alors tenté, plus ou moins inconsciemment, d'entrer dans le moule de la conformité plutôt que de briller de toutes les couleurs de votre personnalité, ou vous y a-t-on forcé? Et voilà qu'un jour, tout ce que vous avez enfoui en vous a cherché à ressurgir, du fait que c'est vraiment votre nature profonde, votre identité. Mais ces facettes de votre personnalité que vous aviez enfermées à double tour, vous ne les connaissez pas vraiment et il vous faut donc aujourd'hui prendre le temps de faire connaissance avec vous-même afin de voir qui vous êtes vraiment quand vous n'êtes pas un reflet de la société. Notre toute première relation est celle que nous développons avec nous-mêmes.

Il m'arrive d'aller moins bien et de tout remettre en question, tout comme Danielle la psychologue qui, même bien outillée grâce à son métier, vit parfois de l'anxiété devant la nouveauté. Mais il y a un écart entre savoir et automatisme. Il y a un passage à l'acte qui demande de la pratique. J'ai la chance d'avoir en ma possession des clés qui m'empêchent de m'emprisonner aujourd'hui dans le mal-être de la méconnaissance et je fais le choix ou non de m'en servir.

Les gens qui vivent avec un trouble relationnel ne sont pas seuls. Au 1er juillet 2017, 3 % des 8,4 millions d'habitants du Québec souffraient du trouble de la personnalité limite, soit 252 000 personnes dans cette seule province du Canada.[2] En France, où l'on comptait 67,2 millions d'habitants au 1er janvier 2018, c'est 2 % de la population, soit 1 344 000 de personnes *borderline*.[3] Si l'on ajoute tous les autres types de troubles relationnels, les chiffres grimpent rapidement, d'où la très grande importance de partager nos connaissances et nos outils sur le sujet.

[2] http ://www.stat.gouv.qc.ca
[3] http ://www.chu-toulouse.fr/IMG/pdf/doc_trouble_de_la_personnalite_borderline-pp.pdf

Personnellement, je crois que nous vivons tous, à un moment ou à un autre de notre vie, un trouble relationnel, qu'il soit relié à une relation toxique, à un collègue de travail qu'on nous impose ou à un membre de la famille ou de celle du conjoint.

Que vous ayez ou non un trouble relationnel, les clés que je vous présente dans ces pages sauront vous aider à y voir clair dans vos relations. Ces clés, qui ont été assez puissantes pour libérer des gens aux prises avec de grandes difficultés, pourront sans nul doute vous aider dans votre quête de relations saines et harmonieuses. Chacun, à un moment ou l'autre de sa vie, traverse des périodes de fragilité ou des difficultés relationnelles avec quelqu'un de son entourage. Ces clés fonctionnent pour quiconque traîne des blessures et des modèles récurrents non réglés, parce que souvent inconscients. Si vous êtes un humain vivant des relations humaines, ce livre est pour vous.

CHAPITRE 1

Le début

Dans ce chapitre, j'explique comment les difficultés relationnelles prennent naissance afin de vous aider à mieux comprendre vos schèmes de pensée et vos comportements en vue de pouvoir les modifier. À la fin du chapitre, vous serez en mesure de reconnaître les fragilités qui ont pu s'installer en vous dès votre conception. Quand nous savons comment a été érigée notre fondation, il nous devient alors possible de la remodeler, à condition de disposer de bonnes clés.

Comment sont nées vos premières relations? C'est habituellement au sein de la famille qu'a lieu ce premier contact avec un autre être humain, et de ce contact découlent plusieurs modes de fonctionnement.

Commençons donc à la base avec le développement de notre personnalité afin de mieux comprendre pourquoi certains ont des relations interpersonnelles si difficiles, alors que pour d'autres tout semble aller de soi. J'examinerai avec vous certaines facettes de la personnalité, en fonction des enseignements que je tire de mes études et de mes formations.

Je ne vous apprendrai rien en vous disant que nous avons tous plusieurs traits de caractère. C'est un peu comme si divers mini nous occupaient ce véhicule qu'est notre corps, où certains traits cohabitent en harmonie tandis que d'autres s'opposent ou s'affrontent. Certaines personnes sont d'une nature plus calme, d'autres sont plus explosives, plus réfléchies ou plus impulsives. Chacun est doté de traits qui lui sont propres et qui font qu'il est unique.

Nos traits de caractère nous viennent pour la plupart de notre hérédité. Nous ne les avons pas choisis, nous en avons hérité, que nous en voulions ou non. Ils sont innés et certains se sont développés plus que d'autres selon les circonstances : parents, milieu social, éducation, etc. Il arrive que certaines facettes de votre personnalité prédominent tandis que d'autres restent en arrière-plan, et ce, à votre insu. D'où l'importance de disposer de bonnes clés pour ainsi avoir le plein contrôle de sa personnalité.

La nationalité peut aussi teinter notre personnalité, chaque pays ayant ses caractéristiques propres, selon sa culture. Il y a des nationalités pour qui la famille est plus importante et où la fratrie est encore très présente. Les grands-parents s'occupent encore beaucoup des petits-enfants et les enfants de leurs aînés. On dit souvent qu'il faut un village pour élever un enfant. Ce n'est plus la réalité de bien des familles de nos jours, où l'individualité importe plus que la communauté.

Il y a aussi des nationalités où les gens semblent plus froids déjà de nature, ou alors plus craintifs en raison d'une guerre civile ou d'un régime totalitaire qui interdit la liberté d'expression. Curieusement, les troubles de la personnalité sont quasi inexistants dans les petites communautés plus fermées ou dans les régions reculées de la planète. Cependant, ces troubles sont omniprésents en Amérique du Nord et en Europe, plus particulièrement dans les grandes villes. Lors de la première édition du Colloque francophone sur les troubles de la personnalité : Avancées cliniques et empiriques de la dernière décennie[4], qui s'est tenue à Québec en 2019, les experts s'entendaient pour dire que l'enfant qui n'a pas de bonnes relations avec ses parents trouvera auprès de sa famille élargie (grands-parents, oncles, tantes, cousins et cousines) qui habitent le même village ou la même petite ville le réconfort dont il a besoin pour garder un équilibre mental et émotionnel. Dans les grands centres urbains, où la famille est souvent éparpillée aux quatre vents, ce même enfant sera laissé à lui-même, aux prises avec des difficultés qu'il n'est pas en mesure de comprendre et encore moins de régler et qui l'amènent à adopter toutes sortes de comportements dits de survie plus ou moins appropriés afin de composer du mieux qu'il peut avec la situation. Ce sont ces comportements qu'il traînera avec lui comme des boulets même après avoir quitté le foyer familial, qui lui rendront la vie dure tant qu'il n'en aura pas pris conscience et qu'il ne les aura pas remplacés par des comportements mieux appropriés à sa vie d'adulte.

Pour bien comprendre les relations, il faut commencer du début, avant même la conception. L'enfant qui est désiré sera accueilli différemment de celui qui ne l'est pas. Un petit qui est attendu depuis longtemps fera le bonheur de ses parents.

Le fœtus dont les parents ont une relation harmonieuse et une belle qualité de vie connaîtra une gestation plus douce et une arrivée au monde plus facile. Pourtant, des parents même très aimants peuvent involontairement créer chez leurs enfants une certaine dépendance s'ils ne leur permettent pas de développer leur autonomie en veillant à ce qu'ils ne

[4] https://cosmosskamouraska.com/2019/06/28/premier-colloque-francophone-sur-les-troubles-de-personnalite-limite-a-quebec/

manquent jamais de rien. Tout est question d'équilibre. Il existe sur le marché un grand nombre de manuels pratiques de toutes sortes sur la naissance, mais il reste que les nouveaux parents sont bien souvent anxieux, n'en déplaise aux soi-disant experts des applications pour parents et des réseaux sociaux. Ces parents croient devoir suivre à la lettre tout ce qui est écrit pour être parfaits, au détriment de leur propre santé, de leur intuition et de la logique.

L'enfant qui n'est pas prévu ou qui est conçu dans des conditions moins optimales, par exemple par ceux qui espèrent que sa venue consolidera le lien fragile qui les unit ou qui ont de graves problèmes financiers, risque de suivre un chemin bien différent de l'enfant voulu et choyé.

Je vous raconte l'histoire d'une cliente qui, pendant un coaching, a eu une prise de conscience fulgurante sur son trouble alimentaire ainsi qu'à sa relation à la nourriture et aux autres. À l'aide d'une technique de coaching en programmation neurolinguistique, je l'ai ramenée à l'époque où elle était encore dans le ventre de sa mère qui s'inquiétait de savoir comment elle réussirait à nourrir ce nouvel enfant qui n'était pas prévu.

La mère se privait elle-même de nourriture pour que ses autres enfants ne manquent de rien. Plus tard, la jeune fille a grandi entourée de femmes bien portantes de sa famille qui jugeaient continuellement la minceur d'autres femmes en disant d'elles qu'elles avaient l'air malades et qu'elles ne devaient pas avoir les moyens de bien se nourrir.

Cette femme avait intégré inconsciemment la croyance que, pour être en santé et montrer une certaine abondance, elle devait être bien enrobée en signe de réussite. Malgré de nombreux régimes, elle reprenait toujours le poids perdu. Elle avait même subi une gastroplastie, mais avait graduellement repris les kilos perdus. Sa prise de conscience lui a permis de modifier ses convictions pour ensuite passer à l'action afin de mettre un terme à son trouble alimentaire et de reprendre le contrôle sur sa vie et son corps. C'est ainsi qu'elle a réussi à harmoniser sa relation à la nourriture avec ses valeurs et des croyances soutenantes réelles d'adulte.

Elle est maintenant consciente qu'être mince n'équivaut pas à être pauvre et malade, ce qu'elle savait consciemment depuis longtemps, mais gardait inconsciemment cette perception bien ancrée depuis sa petite enfance. D'où l'importance de comprendre la base pour ainsi, en tant qu'adulte, modifier les fondations que vous avez érigées dans votre enfance.

Les ressources d'un enfant sont limitées et il est bien peu outillé pour départager le vrai du faux, sans compter les fausses croyances qu'il accumule par la suite dans sa vie d'adulte. Les adultes n'ont bien souvent aucune conscience de l'effet de leurs paroles sur leurs enfants et ce n'est en aucun cas mon intention de les blâmer. C'est à vous, comme adulte, de chercher les clés dont vous avez besoin pour vous libérer du passé et vous retrouver tel que vous êtes aujourd'hui.

Chaque chemin que vous empruntez donne une direction au reste de votre vie. Que vous le choisissiez consciemment ou inconsciemment, il y aura toujours des conséquences, fâcheuses ou bénéfiques, sur votre vie.

Le rang que vous occupez dans la famille vient aussi influer sur votre identité et la place que vous prendrez plus tard dans la vie. J'ai entendu dernièrement quelqu'un qui demandait à une femme, enceinte de son deuxième enfant, si elle croyait pouvoir l'aimer autant que son premier. La question m'a surprise du fait qu'elle venait d'une femme qui avait justement deux enfants. Est-ce que cela sous-entendait qu'elle aimait moins le deuxième? Bien sûr que non, mais peut-être différemment.

Lorsque j'ai posé la question à mon conjoint, qui a deux garçons, j'ai bien aimé sa réponse. Il m'a dit que les enfants ont chacun leurs particularités, leur identité propre. C'est comme la crème glacée : Il y a différents parfums, comme le chocolat et le caramel, mes préférés. Ce n'est pas parce qu'une journée je prends une glace au chocolat que j'aime moins celle au caramel. Vous comprenez maintenant pourquoi je l'aime. Il est si sage.

Je crois qu'en fonction du tempérament de chacun, les parents ont plus d'affinités avec l'un ou l'autre de leurs enfants, et ces derniers peuvent aussi avoir plus ou moins d'affinités avec l'un ou l'autre de leurs parents. Est-ce une question d'amour ou de chimie? Peu importe, mais ces premières relations renforcent ou fragilisent vos relations aux autres tout au long de votre vie.

Beaucoup de parents me confient avec honte ne pas aimer leur enfant et que, sans le lien de sang qui les unit, ils n'auraient pas de contacts avec cet être avec qui ils ne se sentent aucune affinité. Je songe à ce père sportif mordu de chasse et de pêche dont le fils préférait les arts pour lesquels lui-même n'avait aucun intérêt. Pour les adultes capables d'ouverture à la différence, ça ne cause pas de soucis, mais pour d'autres ça peut créer un fossé qui devient à la longue une rivière. Et des enfants me confient même très jeunes n'avoir aucune affinité avec l'un ou l'autre de leurs parents.

Imaginez comment ces premières relations peuvent teinter celles qui les suivent. C'est ce que nous verrons tout au long de ce livre, où nous analyserons et travaillerons à diverses facettes pour une meilleure compréhension.

C'est déjà au moment de la naissance que nous nouons nos premières relations, d'où l'importance de prendre le temps de s'y attarder.

D'après une étude, le rang que vous occupez au sein de votre famille, aîné, benjamin ou cadet, influencerait considérablement votre personnalité. C'est ce qu'avancent des chercheurs comme Frank Sulloway, professeur et membre de l'Institute of personality and social research de l'Université de Californie à Berkeley, qui irait même jusqu'à dire que le rang a une influence aussi importante que le sexe de l'enfant.[5]

La façon dont les parents traitent l'enfant, qui diffère selon l'ordre de naissance, et le rôle qu'adopte l'enfant par rapport à ses frères et sœurs, expliqueraient quelques-unes des grandes différences de personnalité observées entre les enfants d'une même famille.

Évidemment, le rang de naissance n'est pas la cause directe de certains traits de caractère, mais il est « l'un des facteurs les plus importants dans le développement de la personnalité », comme le souligne Marion Balla, éducatrice, thérapeute et présidente de l'Adlerian counselling and consulting group Inc. à Ottawa.

---

[5] http ://www.sympatico.ca/article/rang-naissance-influence-personnalite-1.1538271

L'aîné grandit avec toute l'attention de ses parents encore inexpérimentés, attention qui peut se traduire par une pression parentale plus forte, tandis que le cadet grandit généralement dans l'ombre de son aîné, tout en tentant de trouver sa place. Le benjamin, quant à lui, est encadré par des parents plus expérimentés qui lui accordent souvent plus de liberté et moins d'attention. Résultats : L'aîné serait le plus anxieux et méticuleux, le cadet, le plus négociateur et le benjamin, le plus séducteur.

L'aîné : le leader

L'aîné serait généralement le plus perfectionniste de sa fratrie. Se donnant le rôle de « troisième parent » ou de « responsable » auprès de ses frères et sœurs, il cherche habituellement à être le plus performant. L'aîné est souvent aussi le plus anxieux, planifiant les choses méticuleusement et prenant l'échec parfois trop à cœur. Selon le docteur Kevin Leman, auteur du livre *Le carnet de naissance : Pourquoi vous êtes comme vous êtes*[6], l'aîné recherche l'approbation des personnes responsables lorsqu'il n'est pas lui-même convaincu.

Le cadet : le pacificateur

L'enfant du milieu n'a pas une position facile, et pour trouver sa place, il doit généralement se montrer plus conciliant et plus souple, et joue souvent le rôle du pacificateur. Ouvert d'esprit, il aurait tendance à s'entourer d'un cercle d'amis pour combler le manque d'attention de sa famille. Le cadet peut faire figure de rebelle et choisira souvent une carrière opposée à celle du plus vieux. John Kennedy, Madonna et Jean Chrétien sont des enfants du centre.

---

[6] Baker Publishing Group, 2015, 352 pages

Le benjamin : le séducteur

Le bébé de la famille est souvent le moins discipliné, le plus insouciant et aussi le plus créatif. Ayant bénéficié de plus de liberté, mais son opinion étant rarement sollicitée, il apprend vite à charmer son entourage. Souvent le plus créatif de sa fratrie, il peut être le plus charismatique, mais trop infantilisé, il peut également devenir très anxieux et socialement mal à l'aise. Bien des humoristes sont d'ailleurs des benjamins, comme Jim Carey, Robin Williams, Ellen Degeneres et Tina Fey. Je suis moi aussi une benjamine.

Et l'enfant unique, lui?

Entouré d'adultes, il grandit en cherchant à leur ressembler. L'absence de frères ou de sœurs en fait souvent une personne indépendante et solitaire.

Les experts affirment toutefois que plusieurs facteurs peuvent modifier l'influence du rang de naissance, dont le sexe et la différence d'âge. D'autres facteurs comme un divorce, un décès, etc. peuvent également atténuer les effets associés au rang.

Une bonne part de notre personnalité débute donc à la naissance. Nous héritons certes des gènes de nos parents, mais jouissons également de notre propre ADN, ce qui explique pourquoi, dans une famille de plusieurs enfants, on peut observer des tempéraments ou des personnalités complètement différents dès la naissance, même s'ils ont les mêmes parents. Certains bébés dormiront beaucoup, d'autres moins. Certains pleureront beaucoup, d'autres pas du tout.

Les premières relations sont celles avec les parents, frères et sœurs s'il y a lieu, et la famille élargie. Si vous avez des parents présents et aimants, vous aurez moins de chance de développer un sentiment d'insécurité. Si au contraire vos parents sont absents ou plutôt froids, et si vous êtes un enfant qui éprouve un plus grand besoin d'être sécurisé, vous commencerez très tôt à vous raconter des histoires issues de votre perception d'enfant, qui vous suivront toute la vie jusqu'à ce que vous en preniez conscience et trouviez la clé qui vous en libère, en apprenant à vous sécuriser vous-même comme l'adulte que vous êtes devenu.

Les frères et sœurs viennent aussi changer la donne. Si vous êtes le premier, vous avez peut-être eu l'impression de perdre votre place à l'arrivée du second enfant, que l'on vous ait ou non préparé à son arrivée, pour qui vous êtes devenu un modèle ou un rival. Possiblement avez-vous développé un sentiment d'abandon ou de rejet, réel ou imaginaire, du fait que vous ne receviez plus l'attention à laquelle on vous avait habitué.

Si vous êtes le deuxième enfant, peut-être avez-vous eu l'impression de ne jamais être à la hauteur du premier. Si vos parents vous ont comparé maladroitement à l'aîné, il s'est creusé un fossé entre vous et lui, qui souvent a été traité comme le grand, l'exemple, le modèle ou le troisième parent qui devait s'occuper de vous. Vous ne vous êtes peut-être jamais senti à la hauteur, du fait que vous avez été traité comme un bébé, rang que vous occupez dans la famille même à l'âge adulte.

Dans bon nombre de cas, le manque de confiance et d'estime ainsi que l'infantilisation perdurent dans le temps, jusqu'à ce que la personne en prenne conscience. Pour ma part encore maintenant, à plus de 50 ans, mon père m'appelle toujours *tite fille* et ma sœur aînée sa *grande,* bien inconscient de l'effet de ces mots, inoffensifs pour lui, et du rôle que nous jouerions tout au long de notre vie par la suite au sein de la famille. Je suis restée dans ce rôle de *tite fille* même adulte en croyant que c'était vraiment qui j'étais, jusqu'à ce que je découvre toutes les autres facettes de ma personnalité, dans toute ma couleur. Je me vois aujourd'hui comme la femme adulte que je suis et non plus coincée dans le rôle qu'on m'avait attribué. Je vous parle de cette clé un peu plus loin.

Quand on part de la source et que l'on donne les bonnes clés à l'enfant oublié en soi, les prises de conscience sont énormes.

Comment étaient vos premières relations familiales? Quel rang occupez-vous dans votre fratrie? Selon la relation que vos parents ont développée avec vous et les réactions qu'ils ont eues face à vos comportements, vous avez cru que ces derniers constituaient ou non la bonne façon d'attirer l'attention. C'est ainsi que vous avez développé certaines facettes de votre personnalité plus que d'autres.

Dans le chapitre qui suit, nous verrons différents aspects de notre personnalité qui n'ont pas, pour certains, beaucoup évolué, ce qui fait qu'en tant qu'adulte vous avez encore des comportements d'enfant entremêlés de pertes de contrôle avec lesquelles vous devez négocier. Mieux vaut bien les connaître. Comme le dit le proverbe, sois proche de tes amis et encore plus proche de tes ennemis.

Le monstre et l'enfant

Il y a deux facettes de la personnalité auxquelles j'ai donné de petits noms mignons et qui, pour beaucoup de mes clients, occupent une grande place dans leur vie et avec lesquelles ils ont de la difficulté à composer. Il s'agit du monstre et de l'enfant. Ne vous inquiétez pas, je ne m'apprête pas à vous raconter un conte pour enfants.

Mon intention dans ce chapitre est de vous faire mieux comprendre les différentes facettes de votre personnalité qui, une fois bien saisies, seront plus faciles à gérer. À la fin de ce chapitre, vous serez en mesure de savoir quand vous vous laissez contrôler par ces facettes et, à l'aide de la première clé, comment retrouver le contrôle avant même de le perdre.

Le **monstre** est pour moi le mal-être, celui qui vous ronge de l'intérieur et qui échappe parfois à votre contrôle. Quand vous êtes en colère ou impatient, quand ça ne va pas, sans que vous sachiez pourquoi, c'est que le monstre a pris le contrôle de votre tête, à votre insu. Il est sournois, et si vous ne vous donnez pas la peine de prendre du recul et de reconnaître qu'il est là, vous risquez de le laisser gâcher votre journée ou votre moment. Le monstre est cet aspect de vous que vous ne comprenez pas, lorsque vous avez agi impulsivement ou dit des choses qui vous ont semblé sortir toutes seules de votre bouche. Le monstre est celui qui sabote un beau moment pour vous priver de bonheur, comme si vous n'y aviez pas droit.

Le monstre a possiblement vu le jour lorsqu'enfant, le fait de le laisser prendre la place vous a permis d'obtenir l'attention dont vous aviez besoin, par exemple en piquant une crise quand on vous refusait une chose qu'on finissait par vous donner pour acheter la paix. Vous avez donc pris l'habitude de vous comporter de la sorte afin d'obtenir ce que vous vouliez. Mais en tant qu'adulte, il est important de développer d'autres stratégies, assurément plus valorisantes qu'une crise pour obtenir ce que vous désirez.

Il est vraiment important de prendre le temps d'apprendre à connaître cet aspect de vous. Quand vous connaissez bien le monstre, vous arrivez à composer avec lui et à comprendre son fonctionnement. Beaucoup de mes clients me disent : « Je ne le sens pas venir. J'explose instantanément et ensuite j'ai des regrets. » Le monstre est sournois. Il s'avance tout doucement sans que vous le voyiez venir et paf!, il explose sans crier gare. D'où l'importance de bien le connaître afin d'éviter d'imposer aux autres vos comportements toxiques.

Vous vous levez un matin. Vous avez mal dormi, sans trop savoir pourquoi, et vous vous sentez marabout. Le monstre commence à s'éveiller, lui aussi, mais vous n'en êtes pas conscient. Vous ouvrez les rideaux et il pleut. Vous vous dites que ce sera une mauvaise journée; le monstre prend un peu plus de place. Vos cheveux ne sont pas à votre goût, le monstre prend encore plus de place. En vous habillant, vous n'êtes pas à l'aise dans vos vêtements. Vous avez pris du poids ces derniers temps et vous ne vous sentez pas bien dans votre corps. Puis vous renversez votre café sur vous juste au moment où votre conjoint vous dit *bonjour,* et voilà que le monstre s'empare de vous et vous faites une scène. Ensuite, vous avez honte de votre comportement, que vous regrettez. « Maudite journée de merde », maugréez-vous. Le monstre est comblé, car il a pris toute la place que vous lui avez laissée. Ce n'est pas la tasse renversée qui est en cause, mais l'accumulation de mauvaises programmations dès le réveil.

Qu'auriez-vous pu faire de différent dès votre réveil pour vous empêcher de sombrer dans des pensées qui nourrissent le monstre? Vous vous connaissez. Vous savez très bien que si vous n'avez pas eu une bonne nuit de sommeil, le monstre ne sera pas très loin, que vous ne serez pas patient. Déjà, avant même d'éclater, vous savez ce qui va se passer, que vous soyez émotionnellement fragile ou non. Même les gens qui sont très stables émotionnellement peuvent perdre patience lorsqu'ils sont fatigués.

Des études menées par des chercheurs de l'Université d'État de l'Iowa en 2018 ont montré qu'un manque de sommeil d'à peine deux heures pouvait rendre plus colérique et diminuer les capacités d'adaptation à certaines situations.[7]

Mauvaise nuit égalera mauvaise humeur si vous n'avez pas de clé pour être en contrôle dès votre réveil. Voici donc votre première clé :

CLÉ 1 : Intention du matin et méditation

Comment jouer avec le monstre? Vous n'avez pas eu une bonne nuit de sommeil et vous vous réveillez fatigué. Déjà, avant d'ouvrir les yeux, avec un petit sourire en coin, prévenez le monstre que vous ne le laisserez pas gâcher votre journée, puis remplacez immédiatement chaque pensée négative par une pensée positive afin d'empêcher les choses de dégénérer. C'est une excellente façon de maîtriser votre esprit en le

[7] https ://sosoir.lesoir.be/le-manque-de-sommeil-exacerbe-la-colere

nourrissant d'intentions positives qui vous font visualiser le meilleur et non le pire, et vous permettent de surfer plutôt que de vous débattre dans la vague.

Comment fait-on? En tenant un petit cahier dans lequel inscrire votre intention du jour chaque matin au réveil.[8] L'intention est la ligne directrice que vous désirez donner à votre journée. Sans intention, vous risquez de vous laisser rapidement emporter par la vague.

Voici un exemple d'intention après une nuit peu reposante : Aujourd'hui, je serai bienveillant envers moi-même. Je prendrai soin de moi comme je le ferais pour mon meilleur ami quand il manque d'énergie.

Vous êtes fatigué? Peut-être aussi est-ce l'occasion de ralentir le rythme aujourd'hui si c'est possible. Vous pourriez commencer par une belle méditation dans votre lit avant de vous lever, afin d'augmenter votre taux vibratoire.[9] C'est ce que je fais chaque matin depuis des années et quand il m'arrive de manquer de temps pour le faire, je me sens rapidement ébranlée à la moindre des choses.

CLÉ 2 : Prendre une douche

Vous ouvrez les rideaux. Le temps est gris et vous songez que la pluie permet à la nature de revivre. Elle est aussi un rappel que, sous la douche ce matin, vous laisserez couler la fatigue comme l'eau qui glisse le long de votre corps et regarderez cette fatigue disparaître dans le renvoi. Cette eau vous ravivera et vous

---

[8] Vous pouvez également vous procurer mon mode d'emploi par l'entremise de ma boutique en ligne au www.johannelavoie.ca/boutique.

[9] Si vous n'en connaissez pas, je vous en offre une gratuitement sur mon site web, johannelavoie.ca.

remplira d'énergie, tout comme la pluie le fait pour la nature. Possiblement que c'est pour cette raison que de plus en plus de pommeaux de douche ont un jet qui rappelle la pluie.

Vous pouvez visualiser la fatigue qui coule et fait place à une énergie nouvelle. Maintenant que vous ne cédez pas la place au monstre, il ne peut que s'estomper plutôt que de prendre de l'ampleur. Vous choisissez consciemment d'être heureux, peu importe la nuit que vous venez de passer.

Vous maîtrisez le monstre et votre esprit, et pouvez même visualiser que vous le réduisez à une taille minuscule pour ensuite le chasser de vous, de la façon qui vous plaît. Ensuite, vous le regardez bien en face et lui dites qu'il n'y a plus de place pour lui et l'invitez à partir sur-le-champ. Faites-le à voix haute, pour un maximum d'impact et d'intensité. Affirmez que vous choisissez d'être maître de vos pensées et heureux. C'est votre choix de maîtriser ou non votre journée. Ça vous semble peut-être un peu simplet, mais faites-le pendant quelques jours et vous m'en donnerez des nouvelles. Quand on a foi en ce qu'on fait, ça fonctionne toujours. C'est à vous de gérer ce qui se passe dans votre tête, à vous de tirer les ficelles.

C'est l'enfant en vous qui fait des colères, et vit de grandes tristesses et de grands bonheurs souvent démesurés. Il est bien de garder son cœur d'enfant et de continuer de s'émerveiller devant les beautés et les miracles de la vie. Réagir comme un enfant en piquant une crise de rage est une tout autre chose.

Je demande parfois aux gens qui me consultent pour la gestion de la colère : « Quand tu réagis de la sorte, quel âge as-tu? Est-ce l'homme ou la femme qui se tient devant moi? »

Bien souvent, ils me répondent qu'ils se sentent alors comme un enfant de sept ou huit ans. En tant qu'adulte, quand on ne se maîtrise plus au point de piquer une colère comme un enfant qui perd son jouet, l'enfant et le monstre qu'il devient sont problématiques.

CLÉ 3 : Toujours envisager trois scénarios possibles

L'enfant en vous, c'est celui qui bien souvent a développé un manque d'assurance par manque de sécurité, réel ou imaginaire. L'enfant plutôt inquiet à la naissance qui grandit dans une famille où les gens sont occupés et indépendants, même s'ils sont remplis d'amour, développera une fragilité qui le suivra jusqu'à ce qu'il en prenne conscience.

Si vous avez tendance à vous sentir abandonné comme un enfant oublié lorsque votre conjoint tarde à vous répondre, si le cœur vous serre et que les larmes montent, est-ce un raisonnement d'adulte? Ou est-ce plutôt l'enfant en vous qui a peur dès que son parent n'est plus dans son champ de vision? Demandez-vous quelles autres possibilités vous pourriez envisager et visualisez-en trois dans votre tête.

Le premier scénario qui vous vient à l'esprit, et qui vous blesse profondément, est possiblement qu'il ne vous aime plus, qu'il n'a aucun égard pour vous ou que vous n'êtes pas suffisamment important pour qu'il vous réponde. Le second pourrait être qu'il est au volant et qu'il ne répond pas par souci de sécurité. Le troisième enfin est que son cellulaire est à plat. Vous savez, ces choses-là arrivent vraiment.

Il reste que ce ne sont que des scénarios, des histoires que vous vous racontez, puisque vous n'avez aucune idée de la raison pour laquelle votre conjoint ne vous répond pas. Et si plutôt que de toujours imaginer le pire, vous vous amusiez à imaginer le meilleur? Et si vous preniez un pas de recul pour vous mettre à sa place?

Est-ce que, chaque fois que votre conjoint vous appelle ou vous écrit un message, vous lui répondez dans la seconde? Ne vous est-il jamais arrivé d'être dans l'incapacité de le faire? Êtes-vous devin, au point que chaque scénario que vous avez imaginé jusqu'ici est devenu réalité? Bien sûr que non.

Il y a quelque chose ici d'extrêmement important à comprendre. Si vous ne retenez qu'une seule chose de ce livre, que ce soit que vous n'avez aucun contrôle sur vos émotions. Vous avez bien lu : aucun! Par contre, vous en avez sur vos pensées qui, elles, exacerbent ou calment vos émotions.

Dans l'exemple qui nous occupe, que pourriez-vous faire quand votre conjoint ne vous répond pas dans la minute? Si vous nourrissez la pensée qu'il ne vous aime plus, vous aurez de plus en plus de chagrin et peut-être lui enverrez-vous plusieurs textos agressifs, si bien que vous lui ferez une scène dès qu'il mettra le pied dans la maison. De son côté, il est plus que probable que votre conjoint ne comprenne rien à cette colère, puisqu'il n'a rien su de l'escalade par laquelle vous êtes passée, simplement parce qu'il était en route vers la maison.

Si, au contraire, plutôt que d'alimenter négativement votre pensée, vous commenciez par en rire gentiment? Si votre premier réflexe est de vous dire qu'il ne vous aime plus, confrontez cette pensée en vous rappelant tous ses mots et gestes qui vous démontrent qu'il tient à vous. Nous verrons au chapitre 24 un plan d'action détaillé à mettre en pratique en pareil cas, mais prenons d'abord le temps de mieux comprendre. C'est dans la compréhension que tout prend son sens. Vous devez prendre le temps de comprendre avant de réagir.

Quand vous faites une colère démesurée, que vous perdez contrôle sur les mots qui sortent de votre bouche et que vous posez des gestes exagérés, voire agressifs, quel âge exactement avez-vous? Et qu'avez-vous vécu à cet âge qui vous ramène toujours à ce même comportement? Il est vital de cerner quand a commencé la mauvaise programmation.

Dans un accès de colère qui nous fait sortir de nos gonds, ce n'est assurément pas l'adulte qui raisonne. Il existe des techniques en programmation neurolinguistique qui nous permettent de donner à l'enfant en détresse qui nous habite les outils dont il a besoin pour se reprogrammer en vue de vivre les situations telles qu'elles sont vraiment et non plus comme un enfant sans ressource et démuni. Je vous présente quelques-unes de ces techniques à l'aide des clés à venir.

Le chemin à parcourir est la destination que nous nous donnons, et chaque clé ouvre une porte de plus à notre bonheur.

Dans le chapitre qui suit, nous verrons un mode de fonctionnement récurrent pour bien des gens qui, pour un oui ou pour un non, abandonnent tout sous le coup de l'impulsion dès que quelque chose ne fait pas leur affaire.

CHAPITRE 2

Je t'aime, je te quitte

Je sais depuis longtemps que quelque chose cloche pour bien des gens dans leurs relations amoureuses et j'ai élaboré toutes sortes de théories à ce sujet, notamment l'absence de modèles, du fait que les parents et grands-parents d'un grand nombre d'entre nous sont séparés ou divorcés. Bien souvent, les seuls modèles dont nous disposons sont ceux des contes de fées, ou des romans ou films d'amour.

Il y a également le modèle de la princesse et du prince charmant, que nous avons tous vus en film. Tant de gens recherchent le grand amour, comme dans les films de Disney. Ce n'est donc pas votre faute si ça ne fonctionne pas; c'est simplement que vous avez une mauvaise programmation en ce qui a trait à l'amour. À cela s'ajoutent la facilité et l'abondance dans lesquelles nous baignons dans notre société, où les gens magasinent l'amour idéal, un peu comme au marché, au détriment du véritable amour.

Mon but, dans ce chapitre, est de vous donner des pistes de réflexion quant au type de relation que vous souhaitez vivre en couple et de vous offrir une nouvelle clé qui vous évitera d'agir sous l'impulsion du moment.

Les couples restaient jadis ensemble pour la vie. Oui, oui, à une époque lointaine, les gens passaient leur vie ensemble, la séparation et le divorce étant quasi impossibles, et pas seulement dans les contes de fées. Par amour ou non, ils trouvaient des compromis, pour le meilleur et pour le pire, comme on disait à l'époque. Je ne parlerai pas ici des couples où femmes et enfants subissaient des sévices aux mains de maris et pères cruels, car ce n'est pas le but de ce livre. Je parle plutôt de tous ces couples « ordinaires » qui, en dépit d'une certaine incompatibilité de caractère, ont su, pu ou dû s'entendre, par la force des choses. Comme quoi les choix limités peuvent parfois conduire à quelque chose de viable pour tous. Depuis maintenant deux générations, séparations et divorces sont devenus chose courante. Est-ce vraiment mieux?

Vaut-il mieux vivre malheureux ensemble ou se quitter en espérant trouver mieux? Nos arrières-grands-parents étaient-ils vraiment si malheureux ou trouvaient-ils finalement leur compte dans leur union? Et vous, faites-vous vraiment tout en votre possible pour que votre union fonctionne? Ou choisissez-vous plutôt la facilité en quittant votre conjoint à la moindre difficulté?

Êtes-vous, comme je l'ai moi-même longtemps été, du genre à partir avant qu'on vous abandonne, en supposant qu'on vous aurait bel et bien abandonné? Car ici, ça reste des histoires que l'on se raconte tant que ça ne s'est pas réellement produit. Vous aurait-on vraiment laissé?

Au fil des ans, j'ai vu défiler dans mon bureau un bon nombre de gens qui m'ont confirmé la théorie du caméléon, dont je vous parlerai au chapitre 10.

Quand vous ne savez pas qui vous êtes, il est difficile de savoir ce que vous voulez et encore moins qui vous voulez laisser entrer dans votre vie. Pour beaucoup, ce qu'ils vivent et ressentent, à l'intérieur d'une même journée, voire d'une même heure, est situationnel et très variable. Vous pouvez vous lever le matin, de bonne humeur après une bonne nuit de sommeil, pour trouver que votre amoureux est beau et vous dire combien vous l'aimez pendant qu'il se prépare et part travailler.

En entrant dans la salle de bain, vous trouvez des poils de barbe dans le lavabo. Vous êtes vraiment écœurée, car ça lui arrive souvent d'oublier de nettoyer derrière lui. Et puis, il est parti en vitesse et n'a même pas pris le temps de vous embrasser. Vous élaborez alors une histoire en commençant par remettre en question votre amour. Avez-vous vraiment envie d'une telle relation? La situation n'a rien de bien grave, mais c'est assez pour semer le doute dans votre esprit pendant un moment et ainsi alimenter votre histoire en pensant qu'il ne vous aime peut-être pas suffisamment ou comme vous le voudriez, ou qu'il n'est pas exactement le prince charmant que vous avez cru avoir trouvé.

Une heure plus tard, il vous appelle pour vous annoncer qu'il compte vous préparer votre plat favori pour souper ce soir. Comme il est gentil et attentionné, comme vous l'aimez! Vous raccrochez, de nouveau amoureuse. Heureusement que vous ne l'avez pas quitté après avoir nettoyé le lavabo de ses poils, car vous auriez raté ce beau et bon sentiment d'amour ressenti à l'annonce du souper.

Et si, au contraire, vous aviez obéi à votre impulsion et l'aviez quitté après la découverte des poils? Prenez-vous conscience aujourd'hui que ce que vous ressentez devant les poils de votre conjoint est situationnel et qu'il est donc important de ne pas agir impulsivement, sous le coup de l'émotion? Je vous présente plus loin un plan d'action qui vous évitera de dire des choses ou de poser des gestes irréfléchis sous le coup de l'émotion. Vous ne devez **jamais** agir impulsivement. Vous devez d'abord calmer la pensée qui calme l'émotion pour en arriver à prendre une décision réfléchie.

Avant de vous livrer la quatrième clé, je vous présente ici un poème de Jacques Prévert que j'affectionne particulièrement, qui a pour titre :

DÉJEUNER DU MATIN

Il a mis le café
Dans la tasse
Il a mis le lait
Dans la tasse de café
Il a mis le sucre
Dans le café au lait
Avec la petite cuillère
Il a tourné
Il a bu le café au lait
Et il a reposé la tasse
Sans me parler
Il a allumé
Une cigarette
Il a fait des ronds
Avec la fumée
Il a mis les cendres
Dans le cendrier sans me parler
Sans me regarder
Il s'est levé
Il a mis

Son chapeau sur sa tête
Il a mis
Son manteau de pluie
Parce qu'il pleuvait
Et il est parti
Sous la pluie
Sans une parole
Sans me regarder
Et moi j'ai pris
Ma tête dans ma main
Et j'ai pleuré.

CLÉ 4 : Prendre du recul

Marquez un temps d'arrêt. Attendez, afin de vous éviter d'agir impulsivement. Attendez à demain, plus tard, quand vous ne serez plus submergé par l'émotion. Plus tard, si vous souhaitez toujours partir, pour les bonnes et vraies raisons, non seulement ne sera-t-il pas trop tard pour le faire, mais vous le ferez alors sans regret. Nous verrons un peu plus loin comment prendre du recul et éviter d'alimenter l'angoisse.

Donnez-vous toujours vingt-quatre heures, au moins, afin de voir si le sentiment qui vous habite est toujours présent. Cela vaut aussi pour les achats compulsifs, la crise alimentaire ou le désir de consommer alcool ou drogue. Laissez passer l'impulsion et si demain vous en avez toujours envie, il ne sera pas trop tard.

Quel genre de relation de couple souhaitez-vous vivre? Avez-vous un modèle? Je vous en offre un magnifique dans le chapitre qui suit, où nous verrons que l'amour se multiplie et jamais ne se divise. Vous pouvez donner et recevoir toujours plus d'amour.

CHAPITRE 3

M'aimes-tu?

Nous sommes à l'ère de la consommation rapide et du « j'aime et je n'aime plus », pour un oui ou pour un non. Il est important de comprendre que tout ne tourne pas toujours autour de nous.

Dans ce troisième chapitre, je vous montrerai qu'il existe plusieurs façons d'aimer et de démontrer son amour, d'où l'importance de comprendre nos différences. À la fin de ce chapitre, vous serez en mesure de mieux comprendre la perception que vous avez de ce que vous croyez que l'autre pense, qui est presque toujours très différent de la « réalité » que vous vous êtes créée.

Ce n'est pas parce que votre amoureux joue au hockey avec ses amis un soir semaine qu'il n'est pas bien avec vous et qu'il préfère ses amis à vous. Recul et analyse de votre part s'imposent afin d'avoir une vision réaliste de la situation dans sa globalité. Peut-être aime-t-il tout simplement jouer au hockey en compagnie de ses amis et que cela n'a aucun rapport avec l'amour qu'il vous porte. Il ne vous aime pas moins parce qu'il aime le hockey.

Votre conjointe sent peut-être le besoin de sortir de la maison pour une séance de yoga qui lui permet de se rééquilibrer sainement, ce qui n'est en rien relié à un manque d'amour ou d'intérêt envers vous.

Votre conjoint est distant ces temps-ci? Il a peut-être des préoccupations au travail qui, encore là, n'ont possiblement aucun rapport avec l'amour qu'il vous porte ou non. Peut-être est-il simplement fatigué. Comme beaucoup de gens que je connais, je suis beaucoup moins enthousiaste quand je suis fatiguée et ça n'a rien à voir avec l'amour que j'ai pour les miens. Personnellement, j'ai même tendance à être un peu sèche avec les gens que j'aime quand je suis fatiguée ou concentrée sur quelque chose. Ça ne m'empêche en rien de les aimer de tout mon cœur.

Nombre de personnes qui me consultent me parlent de leur insécurité face à l'amour que leur conjoint leur porte et ont tendance à lui demander à répétition s'il les aime. Ce comportement vous rappelle-t-il quelque chose? M'aimes-tu? Pourquoi m'aimes-tu?

Quand l'autre vous rassure en vous répondant qu'il vous aime, votre réaction est de ne pas le croire malgré tout et de douter de sa sincérité. Quand il vous énumère les raisons pour lesquelles il est avec vous, vous ne le croyez toujours pas. Au contraire, vous mettez sa parole en doute et lui défilez à votre tour la liste de vos défauts, en vous disant qu'il s'en rendra compte de toute façon un jour ou l'autre et qu'alors il vous quittera. C'est ainsi que plutôt que de vous montrer sous votre meilleur jour, vous lui imposez ce côté de vous que vous n'aimez pas.

Vous faites, inconsciemment bien sûr, ce qu'il faut pour qu'il vous quitte, donnant raison à vos peurs, issues d'une mauvaise programmation, qui vous susurraient qu'il ne vous aimait pas vraiment et qu'il finirait bien par vous laisser et vous blesser. Il est ceci ou cela, vous répétez-vous, sans vous rendre compte que c'est vous qui lui avez fait voir les pires aspects de vous-même et que vous avez créé exactement ce que vous ne vouliez pas qu'il se produise.

Ce qu'il a vu en vous au départ sont votre lumière et vos qualités. Possiblement qu'il n'aurait jamais vu le monstre ou l'enfant en vous si vous n'aviez pas insisté pour les sortir au grand jour et si vous aviez été en possession des clés qui vous gardent dans la lumière. Vous ne pouvez être à la fois dans l'ombre et dans la lumière.

CLÉ 5 : Le choix des possibilités

Imaginez-vous par un bel après-midi d'été au bord de la piscine. Vous avez le choix de vous installer au soleil et de profiter de ses rayons et de son énergie, ou de vous mettre à l'ombre. Il y a aussi la possibilité de vous allonger sous un arbre qui laisse transpercer les rayons du soleil. Le choix de l'endroit vous appartient. C'est votre choix et chacun des choix que vous faites a des répercussions sur le reste de votre journée et de votre vie.

Beaucoup de gens ont tendance à montrer aux autres la perception qu'ils ont d'eux-mêmes. Si vous ne vous aimez pas et n'avez pas confiance en vous, vous avez sûrement la mauvaise habitude de mettre l'accent sur les capacités qui vous manquent plutôt que sur vos forces et tout ce que vous êtes en mesure d'apporter à votre relation avec l'être aimé.

Vous avez le choix, comme pour l'ombre et le soleil, de vous montrer sous votre meilleur ou votre pire jour, ou d'osciller entre les deux.

CLÉ 6 : Comment vous sécuriser vous-même

Et si, plutôt que de demander à votre conjoint s'il vous aime, pour ainsi en tirer une fausse sécurité à laquelle vous ne croyez pas de toute façon, vous mettiez l'accent sur tout ce que vous avez et apportez à votre relation avec lui? Si cette personne est dans votre vie, c'est possiblement parce qu'elle voit en vous des choses qui lui plaisent. Mettez l'accent sur ce qu'elle aime de vous plutôt que sur ce que vous n'avez pas et que l'autre n'a peut-être même pas remarqué.

Les gens ont souvent tendance à parler de leur insatisfaction sur le plan physique. Vous êtes trop ceci ou pas assez cela, vous détestez votre nez ou vos cheveux. C'est votre perception de vous, à vos yeux à vous. Ce que l'autre voit, c'est votre sourire et votre regard. Laissez-le continuer de vous voir dans votre lumière plutôt que de lui rappeler continuellement que vous avez aussi des lacunes et des mauvais côtés. Il ne les voit pas si vous ne les exposez pas sans cesse à la lumière du jour.

Gardez votre côté sombre pour vous, ne mettez pas en lumière ce que vous ne voulez pas que l'autre voie, car, comme vous, il finira par ne voir que cela. Si je vous dis de ne pas regarder mon nez, parce que je le déteste, la première chose que vous ferez sera de le regarder, c'est normal. Gardez pour vous ce que vous ne voulez pas que l'autre voie et acceptez les compliments qu'il vous fait, puisque c'est ce qu'il voit, même si vous ne voyez pas la même chose.

Rappelez-vous que tout point de vue a son importance propre. Même si vous n'êtes pas d'accord avec celui de l'autre, il reste son point de vue. Ce que pense l'autre en fonction de ses goûts n'est pas nécessairement ce que vous pensez. Les goûts ne se discutent pas. Et nous sommes tous parfaitement imparfaits.

La prochaine fois que vous sentirez le besoin d'être sécurisé par votre conjoint, posez-vous plutôt ces questions :

- En quoi est-ce important pour vous de lui poser cette question maintenant?
- Sa réponse vous satisfera-t-elle réellement?
- Comment pourriez-vous vous sécuriser vous-même plutôt que d'imposer ce rôle à l'autre?
- Que pouvez-vous faire pour vous sentir bien dans votre corps et n'avoir donc pas besoin du regard de l'autre pour vous sentir à l'aise? Est-ce de vous remettre en forme, pour votre propre bien-être, de sorte que si l'autre vous fait un compliment, vous serez d'accord avec lui et ne remettrez pas ses propos en doute? Est-ce de mieux vous alimenter? De prendre le temps de bien vous vêtir et de vous coiffer pour être beau ou belle d'abord à vos propres yeux et être en mesure d'accepter les compliments?

CLÉ 7 : Dire merci et apprendre à recevoir

Je vous pose comme défi, à partir de maintenant, de simplement répondre « Merci, c'est gentil » chaque fois qu'on vous fera un compliment, que vous soyez d'accord ou non avec celui-ci. Aucune autre réponse ne sera acceptée dorénavant.

Comme le cerveau est malléable, accepter un compliment transmet à ce dernier un signal qui lui indique qu'un aspect de vous est réellement comme l'autre le voit. Et si l'autre avait raison?

La politesse veut que, lorsqu'on reçoit un cadeau, qu'on l'aime ou non, l'on dise merci. Eh bien, c'est aussi ce que vous ferez désormais avec les compliments.

CLÉ 8 : Réussites du jour

Si votre estime de soi est faible, commencez dès aujourd'hui à vous fixer de petits objectifs quotidiens en vue d'augmenter votre estime jusqu'à ce que vous soyez vous-même fier de vous. L'approbation d'autrui sera alors pour vous un plus et non l'unique raison de vous accomplir. Donnez-vous la peine de coucher chacune de vos réussites sur papier. Les jours où vous aurez l'impression de ne jamais rien faire de bon, retournez à votre cahier de réussites* pour vous prouver que ce n'est pas le cas, ce qui contribuera à rehausser votre estime.

CLÉ 9 : S'aimer d'abord

Plutôt que de demander à l'autre s'il vous aime, demandez-vous si vous, vous vous aimez. Travaillez un petit quelque chose chaque jour pour vous aimer un peu plus et modifier les points qui vous dérangent afin de vous améliorer. Vous êtes le sculpteur de votre corps et de votre esprit. Vous ne pouvez changer le regard que les autres posent sur vous, mais vous pouvez changer votre regard sur vous-même.

Tout part toujours de nous. Nous sommes des êtres parfaitement imparfaits, et le chemin que nous empruntons nous permet de nous créer à l'image de ce que nous voulons être, pourvu que nous ayons le plein contrôle de nos choix et changions les choses en nous qui nous déplaisent. Si nous ne changeons rien, rien ne changera comme par magie.

---

* Vous pouvez vous procurer mon mode d'emploi par l'entremise de ma boutique en ligne au www.johannelavoie.ca/boutique.

Il y a une polarité entre « je t'aime » et « je te quitte » qui commence, à la base, par l'amour de soi. Vous avez besoin de l'autre à vos côtés et vous l'aimez tant que vous préférez le quitter et vous briser le cœur plutôt que de le faire souffrir. Vous l'aimez au détriment de vous-même. Plutôt que de voir l'amour comme un besoin à combler, voyez-le comme un désir à réaliser, c'est beaucoup plus léger.

Vous n'avez pas de difficulté à croire que l'autre pense ceci ou cela de vous et à lui faire voir ce que vous croyez qu'il pense, jusqu'à ce qu'il le pense réellement tant vous vous acharnez à lui montrer ce que vous ne souhaitez pas qu'il voie : votre pire côté.

Beaucoup de mes clients me disent que leur conjoint ou conjointe pense ceci ou cela d'eux. Or, quand je leur demande de valider cette perception auprès de l'autre, ils se rendent compte que c'est faux.

Certains ne sont pas bien dans leur peau et en parlent continuellement aux gens qui les entourent. Bien souvent au départ les gens voient la belle personne que vous êtes dans votre globalité. Si vous passez votre temps à mettre l'accent sur votre poids, que vous n'aimez pas, les gens qui n'y auraient jamais prêté attention ne verront bientôt plus que cela, tout comme vous, maintenant que vous en parlez.

Si vous passez votre temps à vous dénigrer par manque de confiance et d'estime en parlant continuellement des qualités que vous n'avez pas ou de tout ce à quoi vous échouez plutôt que de vos réussites, les gens finissent par ne voir que ce que vous leur montrez. Cessez donc de pointer aux autres ce que vous ne voulez pas qu'ils voient et montrez-leur au contraire votre lumière, votre beauté, vos qualités et vos capacités. Comme beaucoup ont de la difficulté à percevoir leurs qualités, je vous donne un peu plus loin une clé pour vous les rappeler.

Regardez au haut de la page, il y a un cœur! Si je ne vous l'avais pas dit, il est probable que vous ne l'auriez pas remarqué, mais maintenant que je vous en parle, vous ne remarquerez que cela.

Si vous imaginez que votre conjoint veut vous quitter chaque fois qu'il a un peu de retard, en sous-entendant une infidélité de sa part, peut-être qu'à force de se le faire répéter, développera-t-il des sentiments ou un attrait pour la personne avec qui vous l'accusez de vous tromper!

Vous devez mettre l'accent sur ce que vous voulez que l'autre remarque de vous et non le contraire. Beaucoup de gens parlent de leurs défauts, de leurs mauvaises expériences et de tout ce qu'ils ne veulent pas dès le début d'une relation. Vous devez plutôt parler de vos qualités et de votre apport à la relation, et poser des gestes concrets en croyant à son succès. Si vous croyez que ça ne fonctionnera pas, vous saboterez inconsciemment la relation afin d'y mettre fin pour vous donner raison.

Si au contraire vous visualisez la réussite de cette relation, vos gestes seront en harmonie avec vos pensées, cela va de soi. Ce que l'œil voit, l'œil croit. Vos chances de réussite seront beaucoup plus grandes si vous vous consacrez chaque jour à faire de votre relation une réussite et si vous cherchez chaque jour à vous améliorer et à vous aimer un peu plus vous-même.

Un bémol, ici : N'allez pas penser que vous devez nier en bloc vos défauts, vos peurs et votre insécurité, qui sont bien là, en vous. Mais ne les nourrissez pas en ne pensant et parlant que de cela. Nourrissez ce qu'il y a de beau, de bon et de bien en vous, concentrez-vous sur ce que vous voulez plutôt que sur ce que vous n'aimez pas de vous.

Cela dit, si vous sentez le besoin de parler de certains aspects de vous qui vous dérangent au point de vous empêcher d'avancer, il est bien sûr primordial de le faire. Songez cependant que votre conjoint n'est peut-être pas outillé pour saisir tous les rouages de vos difficultés émotives, d'autant plus qu'il a lui-même ses propres petits démons à combattre.

Si vous cherchez à acquérir plus de confiance en vous, en vous débarrassant d'une programmation qui fausse la perception que vous avez de vous-même et de l'autre, discutez-en avec un professionnel qui saura vous aider à y voir clair et vous donnera les outils dont vous avez besoin pour établir des relations saines, réalistes et épanouissantes.

Dans le chapitre qui suit, nous verrons comment nous déposons, inconsciemment, notre fardeau sur les gens que nous aimons le plus.

CHAPITRE 4

J'ai mal, toi aussi

Quand la souffrance devient trop grande, certains ont tendance à blesser inconsciemment à leur tour les gens qu'ils aiment le plus. Ils le font pour que ces derniers comprennent leur souffrance, comme si, en faisant souffrir l'autre, leur souffrance devenait un peu moins insupportable, ou tout simplement parce que le monstre a pris le contrôle et déverse son venin partout autour de lui.

Dans les pages qui suivent, je vous aiderai à prendre conscience du fardeau que vous déposez sur ceux que vous aimez, pour que vous soyez vous-même en mesure de le déposer, oui, car c'est bien sûr important et surtout beaucoup trop lourd à porter, mais surtout de pouvoir le déposer au bon endroit.

Déposer votre fardeau sur les épaules de l'autre ou le lui lancer au visage a, plutôt que de vous soulager, l'effet contraire, du fait que vous ne faites qu'ajouter à votre souffrance en agissant de la sorte. Comme pour bien des gens sensibles ou hypersensibles, la souffrance que vous imposez à ceux que vous aimez est exacerbée par la culpabilité et la honte que vous ressentez ensuite pour avoir agi de la sorte.

C'est alors, bien souvent, que vous repoussez les autres : Vous prenez conscience de votre comportement parce que vous vous sentez coupable de leur faire du mal et vous les aimez assez pour vouloir les protéger de vous.

Plutôt que de chercher à les protéger de vous, apprenez à vous changer afin de ne plus leur imposer ce qui ne leur appartient pas. Je vous montrerai ici à faire autrement grâce à de nouvelles clés.

Plus vous aimez les gens et plus vous vous culpabilisez et plus vous vous sentez mal d'avoir fait déborder votre colère (le monstre), votre tristesse ou votre insécurité (l'enfant). Plus l'on vous repousse, et plus vous voulez que l'on vous aime. Plus le mal-être (le monstre) est présent, plus vous cherchez à vous éloigner des autres pour les protéger du monstre que vous croyez être.

Bien souvent, c'est dans les moments où vous êtes le plus fragile (l'enfant) que vous avez aussi le plus besoin d'être entouré, le plus besoin d'amour, de réconfort et d'écoute, que vous refusez pourtant des autres. Vous repoussez l'autre et vous vous complaisez dans votre mal-être pour vous donner raison. C'est vous qui choisissez le degré de souffrance ou de bonheur que vous vous donnez le droit de vivre.

Quand vous vous sentez vulnérable, vous n'avez pas besoin de vous faire dire quoi faire ni comment le faire, mais d'être écouté d'une oreille bienveillante. Et ça, vous devez en être conscient pour être en mesure de le dire à l'autre ou, mieux encore, à la personne qui saura le mieux vous écouter : vous-même.

Et si vous deveniez cette oreille bienveillante pour vous-même? Ce n'est pas le rôle de votre partenaire, famille, ami ou collègue de travail, pour qui il peut devenir extrêmement lourd de porter votre fardeau, puisqu'il ne leur appartient tout simplement pas. Cependant, s'ils le veulent bien, ils peuvent vous soutenir dans vos efforts de changement. Et ici, vous avez bien lu : Votre comportement peut être lourd pour votre entourage, mais pas vous. Un comportement, ça se change. Vous n'avez pas à vous écarter des autres, mais à modifier ce qui pèse si lourd sur vos épaules.

Il ne tient qu'à vous de déposer votre fardeau. Bien sûr, vous me direz que si c'était aussi facile, vous l'auriez déjà fait. Je ne vous ai pas dit que ce serait facile. Je vous dis simplement que vous devez le faire. Comme vous l'avez fait quand vous avez appris à lacer vos chaussures, vous devez prendre du recul et vous isoler pour calmer votre pensée et ainsi calmer l'émotion.

CLÉ 10 : Déposez votre fardeau

Prenez le temps de visualiser tout ce que vous portez dans ce bagage qui pèse si lourd sur vos épaules, comme de la colère, de la peur, de l'incompréhension, de la tristesse, ainsi que vos croyances erronées par rapport à l'amour et à vos relations. Prenez le temps d'alléger en esprit ce fardeau de tout ce dont vous n'avez pas besoin en ce moment même. Ici et maintenant, à l'instant où vous lisez ces lignes, êtes-vous bien en sécurité?

C'est donc un bon moment pour vous installer confortablement et vider le sac à dos que vous portez depuis trop longtemps plutôt que de demander aux autres de le porter pour vous. Vous n'êtes pas en randonnée au Machu Picchu avec des porteurs!

Personne n'a à porter votre fardeau, pas même vous. De quoi se compose ce fardeau? D'histoires du passé, réelles ou imaginaires. Est-ce que ce sont encore vos yeux d'enfant qui vous jouent des tours? Les avez-vous suffisamment ressassées, ces histoires, les avez-vous racontées à qui voulait bien les entendre? Déposez ces histoires du passé, laissez-les partir. Sortez-les de votre bagage, vous l'avez porté assez longtemps. Vous n'avez aucun contrôle sur le passé. Vous n'avez de pouvoir que sur l'instant présent.

En quoi est-ce important ou utile pour vous aujourd'hui de continuer à porter ce fardeau? Vous apporte-t-il quelque chose de positif? Quels apprentissages pourriez-vous faire de ce que vous avez envie de déposer, pour cesser enfin de le porter et vous sentir plus léger?

Les gens hypersensibles sont souvent persuadés qu'ils savent exactement ce que l'autre pense et comment il se sent, comme s'ils lisaient presque dans sa pensée. Pourtant, non, personne n'est télépathe. Vous avez déjà de la difficulté à gérer vos propres pensées, ne tentez pas de grâce de deviner celles des autres. Sortez aussi de votre bagage tout ce qui ne vous appartient pas et visualisez combien votre fardeau s'allège.

Je vous invite à laisser aller aussi toutes les histoires que vous vous racontez par rapport à l'avenir. Vous ne possédez pas de boule de cristal. Regardez derrière vous et voyez combien de fois les choses se sont passées exactement comme vous l'aviez imaginé. Jamais, jamais, jamais. C'est presque chaque fois beaucoup moins mauvais que vous l'imaginiez. Vous gaspillez une immense quantité d'énergie à des choses qui ne se produiront jamais. Stop, c'est assez! Quand vous vous surprenez à ce manège, arrêtez-vous et prenez une bonne respiration.

Revenez au moment présent, là, maintenant. Comment allez-vous *maintenant*? Êtes-vous en sécurité, avez-vous un toit sur la tête, de la nourriture? Fort bien, alors on respire. Que pouvez-vous faire *à l'instant même* pour vous faire du bien?

Bien souvent, vous souhaitez protéger l'autre du monstre qui vous dévore de l'intérieur pour qu'il ne le dévore pas à son tour. Mais vous n'êtes pas conscient que l'autre ne le voit pas, ce monstre, et que c'est à vous de ne pas le lui laisser voir.

En même temps, vous vous dites que si l'autre souffre assez, il va peut-être comprendre enfin à quel point c'est souffrant pour vous et que rien de ce qu'il dit ou fait dans ces moments n'a de pouvoir sur votre souffrance. La douleur ne s'atténue pas parce qu'on l'impose à l'autre. Bien au contraire, elle est amplifiée par la culpabilité qui s'y ajoute. Que l'histoire soit réelle ou imaginaire, la douleur, elle, est bien réelle.

Plus vous donnez de l'importance au monstre et plus il prend de la place au point où, dans les histoires que vous vous racontez, vous devenez ce monstre, comme s'il vous engloutissait tout entier et que, pour un instant, vous perdiez tout contrôle sur vos pensées, vos actions et vos émotions.

Puis, quand vous mettez un terme à votre combat contre le monstre, la culpabilité des paroles prononcées et gestes posés vient vous hanter. Derrière votre armure, il y a le monstre et aussi l'enfant blessé recroquevillé dans un coin. En tant qu'adulte, vous êtes assez créatif pour bien les cacher en pensant que personne ne se rendra compte de leur présence, mais votre logique a souvent tendance à varier, surtout quand c'est le monstre ou l'enfant blessé qui en prend le contrôle.

En faisant le ménage de votre fardeau et en ne transportant dorénavant qu'un petit baluchon, la vie vous semblera beaucoup plus légère. Tout au long de votre lecture, je vous invite à visualiser à quel point votre fardeau diminue pour finalement n'avoir qu'un petit sac de jour à trimballer.

Une image qui me vient en tête, quand je parle de fardeau, est celle de ma préparation au chemin de Compostelle. Au Québec, dans les rencontres de préparation, on nous explique les trois jalons qui marquent le chemin de Compostelle : Le premier est la souffrance de porter son lourd sac et l'adaptation au chemin; le second est celui où l'on se départit de ce dont on n'a plus besoin afin d'alléger son fardeau; et le troisième est celui où se produit l'illumination.

Parcourir le chemin de Compostelle, c'est pour beaucoup l'expérience spirituelle de toute une vie. C'est un acte de foi qui s'inscrit sur le long terme et qui demande un certain sacrifice, au fil des jours. Curieusement, j'y ai rencontré des gens de partout dans le monde et beaucoup ne portaient pas de sac à dos. Déjà, ils voyageaient à vide en ne s'imposant pas ce fardeau inutile.

Chose certaine, c'est que le travail que vous êtes appelé à faire s'effectuera de la même façon, que vous portiez ou non un fardeau, que vous le fassiez dans la joie et la légèreté d'être ou dans la souffrance. Je crois, pour ma part, qu'une partie de ma vie, sinon toute, est prédestinée, mais j'ose aussi croire que le chemin que je choisis de parcourir, que ce soit celui de Compostelle ou un autre, peut changer ma destinée. J'évolue donc au rythme de mes choix et décisions, quand je suis prête et disposée à le faire. Notre mérite, à vous comme à moi, est de déposer notre fardeau quelque part en cours de route pour le remplacer par la confiance et l'estime personnelle qui nous reviennent de droit.

Déposez le fardeau du passé dès maintenant, vous l'avez déjà trop porté. Ce n'est plus nécessaire et ça ne vous aide en rien. Choisissez dès maintenant de reconstruire votre vie pour que tous les jours vous ayez la vie que vous voulez vous créer, avec les relations que vous désirez.

Je vous invite à prendre un papier et un crayon et à noter tout ce qui vous pèse sur les épaules et qui n'a plus sa place dans votre vie une bonne fois pour toutes. Oui, les mauvaises expériences du passé se sont bel et bien produites, mais si les comportements que vous avez adoptés pour y survivre ne vous servent plus dans le présent ou pour un futur meilleur, choisissez de vous en défaire dès maintenant.

Donnez-vous la peine de le faire avant de passer au chapitre suivant. C'est une étape importante de votre propre chemin de Compostelle que de vider votre baluchon de tout ce qui ne vous sert plus ou qui vous nuit, afin de faire place nette pour y ajouter les clés dont vous avez besoin. Profitez-en pour faire un bon ménage du printemps.

Rejoignons-nous au chapitre suivant, où nous verrons la différence entre être amoureux du sentiment d'amour ou de la personne avec qui vous partagez cet amour.

CHAPITRE 5

Amoureux de l'amour

J'ai très longtemps répété que j'étais en amour avec l'amour, sans trop savoir exactement ce que ça voulait dire. Avec de l'introspection, je me suis rendu compte que ce que je recherchais, c'était de me sentir vivante. J'aimais la sensation d'être aimée et de me sentir importante pour quelqu'un envers qui je ressens la même chose.

Mon intention dans ce chapitre est de vous amener à comprendre que rien d'extérieur à nous ne peut combler un besoin que nous ressentons au plus profond de nous-mêmes. À la fin de ce chapitre, vous serez en mesure de vous donner tout l'amour dont vous avez tant besoin.

Au groupe de discussion de Borderline Anonyme, alors que les participants échangeaient un jour sur le sentiment de vide qui les habitait, beaucoup ont parlé de l'impression qu'ils avaient que l'amour des autres, ou encore un achat ou un voyage, venait combler ce vide. J'ai alors dit aux participants que tout était question de perception et que penser qu'une personne ou une chose extérieure à nous peut combler notre vide revient à donner trop de responsabilités à l'autre ou à accorder trop d'importance aux choses.

L'amour est un sentiment abstrait, tout comme le vide intérieur. Même si le sentiment de vide donne l'impression d'un gouffre sans fond en nous, il n'existe pas réellement. Si nous soumettions votre corps aux rayons X, nous n'y trouverions aucun vide, que vous sentez pourtant réellement. Comme ce vide n'existe pas réellement, il s'ensuit que vous ne pouvez le remplir par quelque chose de réel, et chercher sans cesse à le faire n'a donc aucun sens. Comme le vide est une sensation intérieure, tout comme l'amour, nous devons le remplir de l'intérieur. Personne d'autre que vous n'a le contrôle de vos émotions et de ce qui se passe en vous.

Et si, plutôt que d'attendre que des gens ou des choses extérieures viennent remplir ce vide imaginaire ou vous donnent de l'amour pour combler ce besoin, vous vous donniez de l'amour sans condition?

CLÉ 11 : L'effet boomerang

Songez au boomerang que vous lancez et qui vous revient immanquablement. Plus vous donnez de l'amour sans imposer de conditions, plus il vous en revient. J'ai bien écrit sans condition. Vous ne devez pas donner de l'amour à un autre en vous attendant à ce qu'il vous le rende de la même manière, car nous sommes tous différents.

Cependant, curieusement, si vous complimentez régulièrement les gens, ils seront portés à le faire en retour, naturellement et spontanément. Si vous aidez un inconnu, il sera automatiquement reconnaissant. Chaque don d'amour que vous faites avec bienveillance vous apporte en retour une dose d'amour que vous n'attendiez pas. Vous apprenez maintenant à combler votre propre besoin d'amour en donnant, plutôt qu'en attendant de recevoir.

Votre défi au cours des jours qui suivent est de donner de l'amour sans attendre quoi que ce soit en retour. Faites-moi confiance : Vous en serez récompensé, même si ça ne vous vient pas de la personne ou de la façon dont vous le croyez. Restez ouvert à votre prochain : Souriez à un inconnu, tenez-lui la porte, offrez-lui votre aide dans le seul but de donner.

Vous ne pouvez vous sentir à la fois vide et rempli. Transformez votre programmation en faisant en sorte que l'amour émane de votre cœur et rayonne vers les autres. Tout, mais vraiment tout, part de vous. L'amour, si vous en donnez, vous n'en manquerez plus jamais.

Examinons maintenant l'importance que nous accordons aux autres au détriment de l'importance que nous nous devons d'abord à nous.

CHAPITRE 6

Sois mon ami, s'il te plaît

Vous ai-je déjà dit que j'étais une mauvaise amie? En fait, ce n'est ni vrai ni faux. C'est simplement ma perception, les histoires que je me raconte sur moi-même. Et ça me convient maintenant que je suis grande. Je suis devenue avec les années ma meilleure amie. Plutôt que d'être dure envers moi, exigeante et sans égards face à mes besoins, je suis devenue pour moi ce que j'ai toujours attendu des autres.

Mon intention dans ce chapitre est de vous faire prendre conscience que vous devez d'abord être votre meilleur ami en vous donnant à vous-même l'attention que vous attendez des autres.

J'ai très souvent invité et trop rarement été invitée à mon tour. Je ne le faisais pas dans ce but, mais j'aurais parfois aimé qu'on me donne l'impression que ma présence était appréciée. Après mon accident de voiture, j'ai consulté quotidiennement un physiothérapeute avec qui j'ai créé un lien qui nous a conduits à de très belles discussions. Il m'a dit un jour qu'il y avait deux catégories de gens en ce monde : Ceux qui donnent et ceux qui prennent, et que ceux qui prennent donnent rarement. Vous aurez compris que j'appartenais à la première catégorie.

Peut-être faites-vous des choses pour vous faire aimer des autres; peut-être les faites-vous parfois à contrecœur, sans dire un mot, de crainte que l'on vous abandonne. Peut-être aussi donnez-vous aux mauvaises personnes.

Un de mes clients avait une relation difficile avec ses enfants. C'était un homme bon et généreux qui, pour être aimé des enfants de sa conjointe, négligeait inconsciemment les siens propres. Quand nous avons abordé ce point, il m'a dit que l'amour de ses enfants lui était acquis, quoi qu'il fasse, et qu'il savait qu'ils seraient toujours là pour lui, contrairement à ceux de sa conjointe pour qui il devait faire des efforts en vue de se faire accepter et aimer d'eux.

Et vous, privilégiez-vous les étrangers au détriment de votre noyau immédiat, sans trop vous en rendre compte, dans l'espoir d'obtenir encore plus d'amour, mais aussi de voir ce qui vous manque plutôt que ce que vous avez?

Depuis mon parcours du chemin de Compostelle, il y a quelques années, mon échelle de priorités relationnelles a changé. Je viens en premier. Non pas que je sois narcissique. On se limite si l'on croit qu'on est égoïste parce qu'on se choisit d'abord. Je me sers souvent dans mes conférences de l'exemple des consignes d'urgence dans les avions, où l'on nous indique bien clairement d'enfiler notre masque à oxygène en premier dans une urgence afin d'être en mesure de venir en aide aux autres. Est-ce égoïste? Bien sûr que non, car il est plus facile d'en aider d'autres à enfiler leur masque une fois que vous l'avez fait pour vous et que vous respirez librement. Si vous suffoquez par manque d'air, vous mourrez et ne serez pas en mesure d'aider personne.

CLÉ 12 : Respirer d'abord

Il en va exactement de même de la vie : Si vous ne respirez pas, vous ne pouvez être présent à l'autre. J'entends ici une respiration consciente et profonde, calme et posée, qui vous ancre dans l'instant présent, aux côtés de l'être aimé. Donc, vous d'abord et ensuite l'amour, la famille, l'amitié.

Quand vous êtes amoureux, la vie vous semble plus facile, plus douce. Et si maintenant vous deveniez amoureux de vous-même et que vous posiez chaque jour des gestes concrets pour vous prouver que vous vous plaisez, que vous êtes bien avec vous-même, que vous vous aimez? N'est-il pas vrai que si vous êtes bien avec vous, il fera bon être avec vous et que vous n'aurez plus à quémander l'amour des autres, les gens étant heureux de briller dans votre lumière?

Est-il vraiment nécessaire d'être entouré d'un grand nombre de gens? Peut-on compter peu d'amis et jouir avec eux de relations de qualité? J'ai longtemps cru que je devais avoir un grand cercle d'amis et de connaissances. Pourtant, dans ma nature profonde, je suis une grande solitaire. Je croyais, à tort, qu'il était socialement mal vu de n'avoir qu'un minuscule cercle d'amis ou de connaissances. Aujourd'hui, je préfère la qualité à la quantité dans ma garde rapprochée, ce qui me permet d'être entièrement présente tant à ma famille et à mes amis qu'à moi plutôt que de m'étourdir dans un tourbillon de surabondance.

Nous verrons dans le chapitre qui suit qu'à ne pas vous poser les bonnes questions et à nouer rapidement une relation sans posséder l'information voulue, vous répétez les mêmes erreurs et connaissez les mêmes relations insatisfaisantes, vouées à l'échec dès le départ. Pour obtenir des relations différentes, il vous faut faire les choses différemment.

CHAPITRE 7

Je ne veux pas être seul

Mes clients sont nombreux à refuser de se retrouver seuls avec eux-mêmes, au point de préférer partager leur vie avec des gens toxiques pour eux. Ils restent dans des relations qui ne leur conviennent pas, de crainte que personne d'autre ne veuille d'eux. Ils laissent leur manque de confiance et d'estime décider de ce qu'ils méritent vraiment. Il y a des gens qui ont le don de nous pousser à laisser sortir le monstre ou l'enfant en nous, plutôt que nos côtés exceptionnels.

Peut-être êtes-vous prêt à tout donner pour un peu d'amour. Probablement n'avez-vous pas envie de lire ceci si c'est votre cas. Pourtant, mieux vaut être seul que mal accompagné, car on s'ouvre ainsi à plus de possibilités et c'est tellement plus sain.

Mon intention dans ce chapitre est de vous offrir des pistes de réflexion qui vous éviteront de répéter continuellement les mêmes modes de fonctionnement et de vous attirer sans cesse le même genre de personne, en espérant que le résultat sera différent. À la fin de ce chapitre, vous comprendrez encore mieux qu'il ne faut pas tenter de changer les gens pour qu'ils deviennent ce qu'on attend d'eux.

J'ai passé plus de la moitié de ma vie d'adulte seule. Je sais de quoi je parle. Était-ce par choix? Pas toujours, bien que ma première réponse spontanée aurait été : bien sûr que non! À différents moments de ma vie, oui, j'ai bel et bien choisi de rester seule. Après des séparations difficiles, j'ai pris le temps de panser mes blessures et de comprendre ce que j'avais à apprendre pour ne pas reproduire les mêmes schémas relationnels.

J'ai un jour invité un excellent auteur et conférencier au groupe de discussion Borderline Anonyme à venir nous parler des relations amoureuses. Dans son livre *À deux clics de l'amour,* Benoit Coutu présente une liste de soixante-trois questions qui ont pour but d'orienter vos recherches sur les sites de rencontres. Voici ce qu'on peut lire au dos de la couverture de son livre, dont je me suis inspirée pour vous poser quelques questions :

« Depuis l'avènement des années 2000, le lieu de prédilection le plus simple où rencontrer l'âme sœur est sans contredit les sites de rencontres. Mais comment garder le cap et éviter de nous perdre dans le dédale des sites pour célibataires qui nous sont proposés de nos jours?

« L'auteur vous présente une approche qui a fait ses preuves dans le but de vous aider à rencontrer la personne idéale, en commençant par des questions ciblées à poser en passant par les photos qui sauront vous mettre en valeur, la rédaction d'un message efficace et les quatre étapes incontournables de la rencontre en ligne.

« Découvrez les trucs et secrets qui vous permettront de déterminer si vous devez vous donner la peine de rencontrer la personne dont le profil vous intéresse ou si vous feriez mieux de passer au suivant. Vous vous éviterez ainsi déceptions et pièges tout en épargnant temps et argent, et avancerez en toute confiance dans votre quête de l'âme sœur. »[10]

> ***Je t'aime parce que tout l'Univers a conspiré à me faire arriver jusqu'à toi.***
>
> – Paulo Coelho

Ce que j'aime de l'approche de l'auteur, c'est qu'il nous fait comprendre qu'il nous arrive bien souvent de choisir une personne qui ne cadre pas avec ce que nous voulons vraiment. Nous forçons plutôt le destin en nous convainquant que c'est mieux que d'être seul, que nous saurons nous accommoder de ses travers ou encore que l'autre va changer.

Eh bien, non! Chacun est différent, et parfois la chimie ne passe tout simplement pas. Nous ne pouvons aimer tout le monde. Ce qui nous dérange au premier jour ne disparaîtra pas comme par magie.

Si vous avez cette tendance à accepter n'importe qui pour ne pas être seul et que vous accumulez les déceptions, je vous suggère fortement de lire *À deux clics de l'amour* et de vous attarder à ses questions avant votre prochaine rencontre pour vous aider à faire le bon choix.

Je vous invite aussi à vous demander si vous êtes peut-être en train de passer à côté de la relation de vos rêves parce que vous n'êtes pas disponible, du fait que vous êtes avec la mauvaise personne dans une relation qui ne vous satisfait pas.

Vous allez me dire que j'ai expliqué plus tôt que nous choisissons la facilité en nous séparant bien souvent trop rapidement, et voilà que je vous dis de partir.

---

[10] *À deux clics de l'amour*, Performance Édition, 2017, 173 pages

Je vous dis simplement de ne pas accepter n'importe qui dans votre vie afin d'éviter d'être seul… et de vous retrouver avec quelqu'un qui ne vous convient tout simplement pas et que vous avez intérêt à quitter de toute façon.

Il s'agit de vous aimer suffisamment pour choisir la bonne personne pour vous, sans entretenir d'attentes démesurées à son égard, et d'avancer main dans la main vers le bonheur.

Je sais, je suis une grande romantique. Mais je vous confirme que le prince charmant existe. Il n'est peut-être pas aussi beau, aussi grand et aussi bon communicateur que vous le voudriez, mais personne n'est parfait. Je vous présente plus loin une super clé pour voir l'autre à travers ses qualités plutôt que ses défauts.

CLÉ 13 : À deux clics de l'amour

Voici quelques questions à vous poser dès vos premières rencontres ou même avant ou pour voir si la personne avec qui vous êtes en couple vous convient ou non. En coaching, je demande souvent aux gens de dresser la liste de ce qu'ils recherchent chez l'autre et de ce qui n'est tout simplement pas négociable.

Si l'autre n'a pas même la base, inutile d'aller plus loin. La relation est vouée à l'échec, car ce qui n'est pas négociable aura tôt fait de prendre toute la place.

Je vous invite à prendre votre carnet et à y dresser la liste de ce qui n'est pas négociable pour vous dans une relation. Si vous êtes déjà en couple, examinez si votre conjoint ou conjointe répond ou non à vos critères, et si vous êtes capable de vivre avec ses petits travers ou s'ils vous obnubilent.

Voici quelques-unes des questions que pose Benoit Coutu dans son livre en vue d'une réflexion en profondeur :

– Quelles sont vos plus grandes qualités?[11]

– Quelles qualités recherchez-vous chez votre partenaire de vie?

– Fréquenteriez-vous quelqu'un qui n'a aucune de ces qualités?

– Quelqu'un qui ne possède pas toutes ces qualités?

– Combien de ces qualités doit-il posséder?

Dans le chapitre suivant, nous verrons que, pour beaucoup de gens, être seul leur est tellement insupportable qu'ils préfèrent rester avec n'importe qui et à n'importe quel prix. Dans bien des cas, s'étourdir devient alors le seul moyen qu'ils ont de ne pas ressentir d'émotions négatives, bien souvent au détriment de leur santé physique et mentale.

---

[11] Si vous manquez d'inspiration, consultez le tableau de qualités du chapitre 10.

CHAPITRE 8

M'étourdir pour ne pas souffrir

Les possibilités de ne pas être seul de nos jours sont nombreuses. Outre le travail, les gens suivent des cours, font des sorties et s'étourdissent dans toutes sortes d'activités dans le seul but de ne pas se retrouver seuls avec eux-mêmes. Ils voudraient que « quelqu'un » ait envie d'être avec eux alors qu'eux-mêmes n'en sont pas capables. C'est une drôle de dualité.

Dans ce chapitre, nous verrons les bonnes questions à nous poser afin de prendre les bonnes décisions et de choisir sciemment les gestes qui contribuent à notre bonheur.

Aime-moi, puisque je n'y arrive pas moi-même.

Bien souvent, tant en amitié qu'en amour, les gens qui ne s'aiment pas ou ne se connaissent pas cherchent à s'étourdir pour ne pas se retrouver seuls avec eux-mêmes. C'est un mode de vie hyper exigeant, avec des activités sociales presque tous les soirs, mais pas nécessairement parce qu'ils en ont envie ni, non plus, en compagnie de gens qu'ils aiment vraiment côtoyer, mais tout simplement parce qu'ils sont incapables de passer un moment seul avec eux-mêmes. Le vide qui les habite occupe toute la place, car ils n'ont jamais appris à le remplir.

Ne connaissant pas mieux, vous avez toujours cru qu'une vie sociale bien garnie comblerait ce vide ou que magasiner ou faire la fête vous aiderait à vous sentir mieux. Pour vous, une vie structurée, sans temps libres entre le travail, l'amoureux, les amis, la famille, vous garde plus occupé que le dirigeant d'un pays et vous comble de bonheur. Toutefois, est-ce vraiment le cas?

Peut-être à court terme, mais c'est bien éphémère. Que se passe-t-il lorsque vous vous retrouvez seul avec vous-même plutôt que de chercher à vous perdre dans un tourbillon d'activités? Nombre de gens me disent que c'est ennuyeux de rester à la maison à ne rien faire. Ici, nous sommes dans la distorsion. Je ne vous dis pas de ne rien faire, mais bien de garder un équilibre entre *l'être* et *le faire*.

Vous vous apprêtez à faire une activité. Pourquoi cette activité en particulier? En avez-vous vraiment envie? Si c'est le cas, allez-y, donnez-vous-en à cœur joie. Si vous le faites simplement pour ne pas rester seul, c'est une tout autre histoire.

J'entends tant de gens passer des commentaires négatifs sur leurs amis, leur famille, leur conjoint. Je leur demande alors pourquoi avoir choisi de passer du temps avec eux. Bien souvent, les gens se créent eux-mêmes des obligations. « Je n'ai pas le choix, disent-ils, on me jugerait. » Est-ce réellement le cas? Comme vous et moi jugeons continuellement nos pensées, nos paroles et nos gestes, avons-nous vraiment besoin des autres pour le faire à notre place?

CLÉ 14 : Ne pas choisir la fuite

La prochaine fois que vous déciderez de faire une activité non pas parce qu'elle vous tente, mais parce que vous cherchez à vous fuir, donnez-vous la peine de vous demander ce que vous fuyez réellement dans l'étourdissement.

Que peut-il vous arriver si vous vous retrouvez seul avec vous-même? En quoi est-ce important de vous étourdir? Qu'est-ce que ça vous apporte? Quel besoin est-ce que ça vient combler? Ce besoin est-il réel ou imaginaire?

Voici trois questions que je vous invite à vous poser avant de choisir ou non de faire une sortie. Je parle bien sûr d'une sortie que vous ne faites pas par plaisir. Ici, tout n'est pas noir ou blanc, mais plutôt noir et blanc à la fois :

– En avez-vous vraiment envie?

– À quel besoin ou désir cette sortie répondra-t-elle? S'il s'agit d'un désir, allez-y. Si c'est pour combler un besoin, il est important d'en être conscient.

– Votre décision est-elle parfaitement consciente : plaisir ou fuite? Si vous fuyez, que fuyez-vous au juste et pendant combien de temps encore allez-vous le fuir? Ce que nous fuyons finit toujours par nous rattraper. Mieux vaut affronter tout de suite ce que nous fuyons que de vivre sans cesse dans la crainte d'être rattrapé.

Voyons maintenant un autre rôle que se donnent parfois certaines personnes, sans s'en rendre compte. La victime, comme le monstre et l'enfant, est un mode de fonctionnement qui a fait ses preuves, mais est-ce vraiment gagnant?

CHAPITRE 9

Jouer à la victime pour que tu ne me quittes pas

Je ne sais pas d'où vient cette idée de croire que les gens ne vous quitteront pas si vous n'allez pas bien. Nous connaissons tous des gens qui sont difficiles à supporter, d'autres avec qui nous n'avons pas envie d'être, et d'autres qui dégagent une bonne énergie et dont nous recherchons la compagnie.

Dans ce chapitre, nous verrons ensemble comment laisser à chacun le rôle qui lui revient sans prendre la responsabilité du bonheur des uns et des autres.

Pourquoi vous plaindre et vous apitoyer sur votre sort en espérant que les gens s'occupent de vous alors que vous savez très bien que c'est lourd tant pour les autres que pour vous? J'ai longtemps été du genre à raconter, à qui voulait bien l'entendre, tout ce qui m'arrivait de difficile et à faire abstraction de ce qu'il y avait de beau et de bien dans ma vie.

Bien souvent, ce comportement prend naissance dans la petite enfance, au moment où nous recevons de l'attention à la suite d'une blessure ou d'une maladie et que nos parents s'occupent de nous plus que d'habitude. Notre cerveau d'enfant enregistre qu'il s'agit là d'une stratégie gagnante pour recevoir de l'attention.

Je me rappelle cette femme, que j'appellerai Marie, qui me consultait dans l'espoir de développer une plus grande harmonie dans son couple. Elle se plaignait de ce que Pierre, son conjoint de longue date, jouait au hockey deux soirs par semaine avec ses copains.

Est-ce mal? Pour certains, ça l'est. Si vous souffrez de dépendance affective et que votre relation est fusionnelle, vous avez de la difficulté à faire la distinction entre pratiquer un sport pour se faire du bien et le pratiquer pour vous faire du mal. Nous verrons plus loin les distorsions cognitives qui nous font voir la vie comme à travers un prisme.

Lorsque Marie est venue me voir, son conjoint voulait la quitter, car il n'en pouvait plus des scènes qu'elle lui faisait chaque fois qu'il s'apprêtait à aller jouer au hockey. Elle finissait même par le menacer en lui disant qu'il aurait bientôt la paix puisqu'il ne la verrait plus jamais, sous-entendant qu'elle mettrait fin à ses jours. Il restait alors près d'elle pour la consoler, la calmer et lui dire combien il l'aimait. À d'autres moments, si elle allait bien et qu'elle avait eu une bonne journée ou si elle était occupée à ses propres activités, elle acceptait qu'il aille s'amuser, mais toujours en lui faisant bien comprendre que s'il l'aimait vraiment, il préférerait passer ses soirées avec elle plutôt qu'avec ses amis.

Les discours de Marie avaient pour effet de culpabiliser Pierre, qui s'empressait de rentrer auprès d'elle pour en prendre soin de peur qu'elle commette l'irréparable, et il ne pouvait jamais profiter pleinement de son activité et de ses amis. Cette histoire s'est poursuivie pendant des années, à chacun des départs de Pierre pour pratiquer des activités. Comme il aimait énormément sa femme, il culpabilisait à l'idée de lui faire du mal et était encore plus aimant et attentionné à son retour.

Dans nos séances de coaching, j'ai d'abord tenté de voir avec Marie ce qui avait pu se passer dans sa relation avec Pierre pour qu'elle adopte ce rôle de victime. Elle m'a expliqué que leur relation avait été fusionnelle dès le départ et que Pierre avait délaissé le hockey pour passer plus de temps avec elle les premières années. Avec le temps, comme tout allait bien dans le couple, sa passion pour le hockey était revenue en force et il s'était remis à y jouer, ajoutant des parties de golf l'été.

De son côté, Marie en est venue à penser qu'il s'éloignait d'elle. Plutôt que de lui en parler, elle a commencé à jouer les victimes et à lui dire qu'elle se sentait abandonnée. Pierre, qui l'aimait beaucoup, était alors doublement attentionné à son retour les soirs où elle lui faisait des scènes.

Rapidement, Marie en est venue inconsciemment à la conclusion que, quand elle allait bien, son conjoint prenait plus de temps pour lui et qu'il avait, par le fait même, moins de temps à lui consacrer. Non pas qu'il l'aimait moins, mais simplement parce qu'il se donnait cette permission de pratiquer son sport favori quand sa conjointe allait bien. Mais elle ne l'entendait pas ainsi. Avec les années, il s'est installé une forme de manipulation malsaine au sein de ce couple. Ma cliente, croyant fermement que son conjoint la quitterait si elle allait bien, sabotait tout effort de bien aller. L'esprit humain est très fort, même quand il se trompe.

Marie a, petit à petit, pris conscience que Pierre devait vraiment l'aimer pour être encore à ses côtés en dépit de ses frasques. Il ne jouait pas au hockey par manque d'amour pour elle, mais bien parce qu'il s'aimait suffisamment lui-même pour prendre soin de lui. Que pouvait-elle faire à son tour pour que son bonheur ne dépende pas uniquement de la présence de Pierre à ses côtés?

Marie m'a avoué qu'elle songeait depuis longtemps à essayer le yoga chaud. Elle s'est inscrite à une classe et se donne le droit depuis ce jour de bien aller, sachant que son conjoint l'aime plus que le hockey et qu'il n'a pas à choisir entre l'un ou l'autre. Elle sait que, si elle va bien, il ne la quittera pas et qu'il aura au contraire encore plus envie de passer du temps avec elle puisque ce sera du temps de qualité, plutôt que du temps de culpabilités et de pitié.

Je vous donne un autre exemple. Une superbe jeune femme dans la trentaine est venue me voir parce qu'elle ne comprenait pas pourquoi elle se sentait si mal alors qu'elle avait tout pour être heureuse. Elle venait d'épouser l'homme de sa vie, vivait dans l'abondance et menait la vie dont elle avait toujours rêvé. Pourtant, chaque jour que son mari quittait la maison pour aller travailler, elle sentait le mal-être monter en elle. Elle s'installait devant le téléviseur pour écouter les nouvelles. Pour cette femme d'une grande sensibilité, la misère du monde accentuait son mal. Elle appelait ensuite sa mère pour lui dire combien elle ne se sentait pas bien, ce qui amplifiait encore plus son mal-être.

Après une longue introspection, ma cliente s'est rendu compte que quand elle méditait, jardinait et allait marcher plutôt que d'écouter les bulletins de nouvelles, son mal-être disparaissait. Une prise de conscience encore plus importante lui est venue lorsque je lui ai demandé ce qui l'empêchait de s'adonner à ces activités, sachant qu'elles lui faisaient un grand bien.

Voici ce qu'elle m'a répondu : « Ma mère s'est toujours préoccupée de mes moindres humeurs. Quand je vais bien, c'est elle qui va mal. Je crois qu'inconsciemment je préfère aller mal pour que ma mère aille bien et qu'elle se sente utile. » Sa mère lui avait fait comprendre, bien inconsciemment, qu'elle ne servait à rien si sa fille allait bien. Elle ne savait pas comment être une mère si sa fille n'avait pas besoin d'elle.

CLÉ 15 : Partager votre bonheur plutôt que votre malheur

Plutôt que de se complaire dans le rôle de victime qu'elle avait adopté, ma cliente a commencé à partager son bonheur avec sa mère. Elle lui a parlé de sa passion pour l'agriculture, l'a invitée à marcher et à parler de ce qui allait bien dans leur vie à toutes les deux. « On sait bien, lui disait parfois sa mère, maintenant que tu vas bien, tu n'as plus besoin de moi dans ta vie parfaite. » Ma cliente la réconfortait en lui disant qu'elle aurait toujours besoin d'elle pour partager son bonheur. Elles avaient si longtemps parlé de leurs malheurs, réels, mais bien souvent aussi imaginaires, qu'elles alimentaient l'une et l'autre. Il leur fallait maintenant alimenter ensemble leur bonheur pour le reste de leur vie.

Un dernier exemple. André était venu me voir pour m'expliquer qu'il ne se sentait jamais à la hauteur. Il était le plus jeune de deux garçons. La vie avait toujours souri à Marc, son frère aîné, qui avait fait de brillantes études et menait aujourd'hui la vie dont il voulait, avec une belle carrière ainsi qu'une femme et des enfants aimants. Quant à André, il ne savait pas qui il était et encore moins ce qu'il voulait faire de sa vie. De plus, comme il avait eu une grande peine d'amour à l'adolescence, il avait fait une croix sur son cœur.

Marc, très occupé, trouvait tout de même toujours du temps pour aider André quand il en avait besoin, ce qu'il faisait d'ailleurs depuis toujours. Plus jeune, il avait aidé André avec ses devoirs et ses leçons et lui avait montré à faire du vélo. En fait, André se rendait maintenant compte que Marc avait toujours tenu un rôle d'aidant auprès de lui, le rôle du grand frère qui s'occupe du plus jeune quand il en a besoin.

Or, quand André allait bien, Marc lui consacrait alors beaucoup moins de temps, occupé qu'il était à mener sa propre vie. Il a fallu à André un bon travail d'introspection pour prendre conscience de la dynamique de sa relation avec Marc et comprendre que ce dernier ne savait pas comment être simplement un frère, rôle qui se limitait à ses yeux à celui d'aidant.

André a fini par discuter avec Marc pour lui dire d'abord qu'il savait bien qu'il pourrait toujours compter sur lui quand ça n'irait pas, mais aussi pour lui faire comprendre qu'il voulait pouvoir profiter de sa compagnie dans les bons moments. Ainsi, il n'aurait plus besoin d'aller mal pour avoir l'attention de son frère.

Certains de mes clients ont tendance à saboter leur évolution pour éviter de mettre fin à leurs rencontres avec moi quand ils vont bien. Je leur rappelle que je serai toujours là pour partager avec eux leurs bons coups, puisqu'ils n'ont pas besoin d'aller mal pour me contacter et que je suis au contraire toujours heureuse d'avoir de leurs nouvelles quant à leurs exploits et leurs réussites.

CLÉ 16 : Respecter le rôle de chacun

Plusieurs des personnes que je vois passer dans mon bureau ont cette crainte de bien aller et de perdre ainsi les gens qui les entourent puisque, lorsqu'on joue les victimes, on s'entoure de gens qui aiment aider. Inversement, quand on est un aidant, on recherche des gens dans le besoin. Il s'ensuit que quand les gens que l'on aide n'ont plus besoin de nous, nous nous éloignons d'eux parce que nous ne nous sentons plus reconnus dans notre rôle.

Mais quand on en prend conscience, la relation en devient alors une de frère, de mère ou d'amoureux et non plus une relation de sauveur ou d'aidant et de victime. Il existe des œuvres de bienfaisance qui recherchent des gens en quête d'aider leur prochain. Le rôle de victime et de sauveur n'a pas, à mon humble avis, sa raison d'être entre proches. La relation doit toujours en être une donnant-donnant.

Passons maintenant au chapitre suivant, où nous verrons une autre facette problématique de la personnalité qu'est celle du caméléon.

CHAPITRE 10

Caméléon, dis-tu?

J'ai longtemps cru que c'était une qualité d'être caméléon, que j'avais une excellente capacité d'adaptation à toute personne et situation. Je crois, encore aujourd'hui, qu'il est important de s'adapter aux gens et aux situations, mais en toute conscience et non pas parce que je ne sais pas qui je suis.

Mon intention dans ce chapitre est de vous faire découvrir qui vous êtes quand vous n'êtes pas l'ombre de l'autre. Vous serez en mesure de vous voir tel que vous êtes, avec toutes vos qualités, et pourrez ainsi vous évaluer à votre juste valeur.

Je vois tant de mes clients changer d'une rencontre à l'autre. Ils changent de travail, de conjoint, de formation. Quand on ignore qui l'on est, on ne peut pas savoir ce que l'on aime ou ce qui nous convient.

Le bon côté à tant de changements est qu'ils vous permettent de découvrir plein de choses différentes et d'être polyvalent, mais bien souvent aussi de n'exceller en rien. Cela dit, est-ce vraiment important d'exceller dans un domaine ou un autre? À vous de voir ce qui importe ou non pour vous.

Quand vous découvrez qui vous êtes, que vous connaissez vos valeurs et, surtout, *votre* valeur lorsque vous brillez de votre plus belle lumière, votre raison d'être devient beaucoup plus claire. Vous êtes alors avec les gens pour les bonnes raisons. Et vous avez une motivation à vous lever chaque matin.

Une jeune femme dans la trentaine rencontre un beau jeune homme qui se passionne pour la plongée sous-marine. Elle qui n'avait aucune connaissance en la matière décide de suivre des cours de plongée et de partir s'installer avec son amoureux dans un autre pays où ils pourront s'adonner à leur passion à longueur d'année. Elle rentre finalement au pays quelques mois plus tard, son idylle terminée. Elle ne refera plus jamais de plongée, car elle n'aimait pas vraiment pratiquer ce sport.

Cette même jeune femme est végétarienne depuis des années, par principe, car elle se soucie des animaux. Elle rencontre un gentil jeune homme qui se passionne pour la chasse. Elle obtient donc un permis de chasse afin de partager cette passion avec le gentil jeune homme. Pendant les premières années de leur vie commune, elle mange même la viande des animaux sauvages qu'ils tuent.

Plusieurs années plus tard, elle a avoué à son amoureux ne pas aimer la viande sauvage qui lui laissait un mauvais goût dans la bouche. Elle s'est imposé ce calvaire durant des années pour ne pas lui déplaire. Elle lui a finalement avoué qu'elle n'aimait ni la chasse ni la viande sauvage. Ils sont toujours ensemble et heureux, chacun avec sa personnalité propre, sans s'effacer pour l'autre.

Je parle souvent dans mes conférences de cette année charnière à l'école où il nous faut choisir entre poursuivre nos études ou entrer tout de suite sur le marché du travail. Beaucoup de jeunes, se connaissant peu ou mal, vont alors de formation en formation avant de découvrir ce qui les passionne grâce à ces essais et erreurs.

Nombre de couples deviennent fusionnels, certains en venant à perdre leur identité au point de se vêtir de la même façon. On peut remarquer ce même phénomène en amitié, les amis finissant par se vêtir et se coiffer de la même manière. Dans un cas comme dans l'autre, il est important de garder son identité propre afin que chacun participe à part entière à la relation, et que *toi* et *moi* égalent *nous*.

Je vous invite ici à prendre le temps de vous questionner sur vous-même, votre identité et vos valeurs. C'est un travail que j'ai fait moi-même sur mon chemin de Compostelle.

CLÉ 17 : Quelles sont vos valeurs?

Armé d'un cahier et d'un crayon, demandez-vous ce que vous aimez, vous. Pas ce que vous aimez parce que l'autre l'aime, mais bien ce qui vous plaît à vous.

Par exemple, qu'est-ce que vous aimez manger? Moi, je savais ce que ma fille aimait et ce que mes amies aimaient que je leur prépare, les plats préférés de mes conjoints et ce que mon père aimait qui lui rappelait la cuisine de sa mère. Mais moi, qu'est-ce qui me fait plaisir?

Donc, qu'aimez-vous manger? Qu'aimez-vous faire pour vous, seul ou avec d'autres, mais qui vous fait plaisir à vous d'abord? Si tout était possible, si vous aviez une baguette magique, par exemple, et que tout vous était permis, sans aucune limitation, quel travail feriez-vous? Avec qui? Pourquoi? Qu'est-ce que ça vous apporterait? Qui cela vous permettrait-il d'être? Et quelle serait alors votre mission de vie? Qu'est-ce que ça apporterait aux autres? Fréquenteriez-vous les mêmes personnes qu'aujourd'hui?

Quelles sont vos valeurs?* De quoi est faite votre fondation? Prenez le temps de noter vos cinq valeurs les plus importantes et d'en faire un tableau de rêves que vous afficherez bien en vue.

Avant de prendre une décision dorénavant, je vous invite à vous demander si ce que vous vous apprêtez à faire est en harmonie avec vos valeurs. Si ce n'est pas le cas, n'en faites rien, c'est voué à l'échec.

Voici les questions que je me pose avant de passer à l'action. La valeur la plus importante à mes yeux étant la santé, mentale, physique et spirituelle, ce que je m'apprête à faire est-il bon pour ma santé? Je me demande ensuite si je peux le faire dans l'amour de moi et des autres. Est-ce que c'est bon pour ma famille? Est-ce que ça me permet d'évoluer? Est-ce que je peux le partager?

Maintenant que vous connaissez vos valeurs, voyons *vot*re valeur.

CLÉ 18 : Qui es-tu?

Je vous invite ici à dresser la liste de vos qualités en inscrivant un X sous le soleil pour les qualités que vous possédez déjà ou sous le crayon pour celles que vous aimeriez acquérir. C'est important de vous rappeler l'être exceptionnel que vous êtes. Communément, nous avons tendance à mettre plus d'accent sur nos faiblesses et défauts plutôt que sur nos forces.

Ambitieux			Dynamique			Intuitif			Précis
Attentif aux autres			Économe			Jovial			Prudent
Autonome			Efficace			Joyeux			Réaliste
Aventureux			Empathique			Leader			Réceptif
Calme			Énergique			Manuel			Réservé
Collaborateur			Entregent			Méthodique			Responsable
Communicatif			Esprit d'équipe			Minutieux			Rigoureux
Compréhensif			Expressif			Motivé			Rusé
Confiant			Extraverti			Observateur			Sensible
Conformiste			Flexible			Obstiné			Sérieux
Créatif			Franc			Ordonné			Serviable
Curieux			Honnête			Organisateur			Sociable
Débrouillard			Imaginatif			Ouvert d'esprit			Spontané
Dévoué			Impulsif			Patient			Souple
Digne de confiance			Indépendant			Persévérant			Sûr de soi
Diplomate			Innovateur			Poli			Sympathique
Direct			Intelligent			Polyvalent			Tenace
Discipliné			Introverti			Ponctuel			Tolérant

s pouvez vous procurer gratuitement le guide Comment construire son échelle de valeurs au www.johannelavoie.ca

Pensiez-vous posséder autant de belles qualités? Lorsque je demande à mes clients de faire cet exercice sans l'aide du tableau ci-dessus, beaucoup ont de la difficulté à nommer cinq à dix de leurs qualités.

Voyons maintenant certaines des qualités auxquelles vous n'avez peut-être pas pensé à cocher ou que vous avez négligées tant vous étiez occupé par vos fragilités, vos défauts, vos faiblesses ou vos mauvais côtés.

CHAPITRE 11

Quand on met l'accent sur ses défauts, on oublie qu'on a aussi de belles qualités

Mon but ici est de mettre l'accent sur vos forces. Lorsque vous prenez conscience de votre valeur, vous êtes encore mieux en mesure de choisir des relations qui vous conduisent encore plus haut et plus loin, plutôt que de choisir des gens qui vous tirent vers le bas ou qui sont pires que vous pour vous donner un faux sentiment de supériorité.

CLÉ 19 : Définir qui vous êtes

Êtes-vous altruiste?

L'altruisme se caractérise par des actes, *a priori* désintéressés et qui ne procurent pas d'avantages apparents et immédiats à celui qui les exécute, mais qui bénéficient à d'autres et peuvent favoriser, surtout à long terme, un vivre-ensemble et une reconnaissance mutuelle au sein du groupe où il est présent, bien que l'altruisme pur soit néanmoins un acte ne demandant rien en retour.

Êtes-vous doué d'une intelligence émotionnelle?

C'est un concept, proposé en 1990 par les psychologues Peter Salovey et John Mayer, qui réfère à la capacité de reconnaître, comprendre et maîtriser ses propres émotions et à composer avec celles des autres.

Êtes-vous passionné?

Se dit de quelqu'un qui est rempli de passion, d'affection pour une personne, une activité ou une chose : qui a une disposition naturelle à la passion, est rempli d'une forte intention, d'une ardeur immodérée pour ou contre quelqu'un ou quelque chose.

Êtes-vous authentique?

Décrit celui dont la vérité, la réalité ou la sincérité est incontestable.

Êtes-vous spontané?

Se dit de la personne qui obéit à ses premières impulsions et qui s'exprime sans détour.

Avez-vous de la compassion?

La compassion est une vertu par laquelle on est porté à percevoir ou à ressentir la souffrance d'autrui, et poussé à y remédier.

Êtes-vous ouvert d'esprit?

L'ouverture d'esprit a trait à la manière dont vous abordez les opinions et les connaissances des autres; elle intègre l'idée qu'ils sont libres d'exprimer leurs opinions et que la valeur de leurs connaissances doit être reconnue.

Avez-vous un sens moral de la justice?

La justice est un principe philosophique, juridique et moral fondamental, en vertu duquel les actions humaines doivent être sanctionnées ou récompensées en fonction de leur mérite au regard du droit, de la morale, de la vertu ou autre source normative de comportements.

Êtes-vous empathique?

L'empathie est la reconnaissance et la compréhension des sentiments et des émotions d'un autre.

Êtes-vous créatif?

La créativité est la capacité d'un individu ou d'un groupe à imaginer, à construire ou à mettre en œuvre un concept neuf, un objet nouveau ou une solution originale à un problème.

Êtes-vous curieux?

Qui a le désir d'apprendre, de voir des choses nouvelles, intéressantes, rares.

CLÉ 20 : Faire un visuel de vos valeurs et de vos qualités*

En coaching, je demande aux gens de se faire un visuel de leurs valeurs et de leurs qualités afin de les avoir toujours sous les yeux. Une cliente très créative a peint un arbre sur un miroir et y a inscrit ses qualités en guise de feuilles. Au cours d'un atelier, j'ai demandé au groupe d'inscrire leurs qualités sur un pot de fleurs, dans lequel nous avons ensuite déposé de la terre et semé des graines afin de laisser pousser en nous nos qualités à travailler au rythme de l'éclosion des fleurs que nous avions plantées.

Pour ceux qui, comme moi, sont un peu moins créatifs, vous pouvez simplement écrire vos qualités sur des roches et déposer celles-ci dans un pot décoratif. Lorsque vous avez l'impression d'être sans valeur, prenez une roche au hasard dans le pot pour vous rappeler que vous possédez cette qualité et vous remémorer les moments où vous vous en êtes servi.

---

* Vous pouvez vous procurer gratuitement la capsule vidéo explicative afin de créer votre tableau de rêve sur mon site www.johannelavoie.ca

CLÉ 21 : Ancrer vos qualités

Je vous recommande donc de vous créer un beau visuel de vos qualités, pour ensuite vous installer confortablement dans le but de bien ancrer en vous chacune de vos qualités. Vous pouvez, par exemple, prendre une qualité par jour ou par semaine et vous rappeler un moment où vous vous êtes servi de cette qualité.

Prenez vraiment le temps de revivre ce moment, les yeux fermés afin de voir tout ce qu'il y a à voir. Avec qui étiez-vous? Où étiez-vous? Que portiez-vous? Comment étiez-vous coiffé?

Observez chacun des détails. Avec du recul, il arrive que l'on prenne conscience de choses auxquelles on ne s'était pas arrêté sur le coup. Quand vous verrez clairement ce moment où vous aviez cette qualité, prêtez alors l'oreille à la conversation que vous avez tenue, s'il y a lieu, ou alors au silence, aux bruits environnants ou à votre propre discours intérieur pendant que vous étiez imprégné de cette qualité. Quelles ont été vos pensées à ce moment?

Lorsque vous verrez clairement ce moment où vous avez incarné cette qualité et que vous entendrez votre discours intérieur, prenez alors le temps de ressentir toute la fierté, la joie, la légèreté, la paix et la sérénité qui vous habitent quand vous laissez cette qualité émerger.

La réussite et l'échec ne définissent pas qui vous êtes. Ce sont vos qualités qui vous définissent en tant qu'être humain. Servez-vous de cette clé d'ancrage chaque jour jusqu'à ce que vous ressentiez chacune de vos qualités.

Examinons maintenant un mode de fonctionnement que certains adoptent afin de se protéger de la souffrance, et qui consiste à se couper de toute relation.

CHAPITRE 12

Des relations, je n'en veux plus : se couper de la famille, de l'amitié et de l'amour

Plusieurs personnes, faute d'avoir les clés pour vivre de belles relations harmonieuses avec les autres, décident de s'isoler pour s'éviter de souffrir et de vivre de possibles déceptions. Je vous présente donc ici des clés pour apprendre à mieux vivre à travers différentes relations afin de ne plus vous isoler.

J'ai rencontré au cours des dernières années beaucoup de gens en coaching pour qui l'isolement était devenu à leurs yeux le seul moyen de se protéger de la souffrance. Mais en s'isolant de la sorte, ils se privent également d'un grand bonheur.

Je vous ai expliqué au début de ce livre que tout part de la base, de la famille dans laquelle vous êtes né. Or, certains ont parfois l'impression de ne pas être nés dans la bonne famille.

Dans mon cabinet, plusieurs parents me confient regretter d'avoir eu des enfants. C'est pour eux une grande libération que de pouvoir enfin l'avouer malgré le sentiment de honte qu'ils ressentent. Être parent ne vient pas avec un mode d'emploi, et c'est bien souvent très différent de ce que l'on croit. Il y a bien sûr de magnifiques côtés à élever des enfants, mais il arrive que la chimie ne passe pas et ça, c'est vraiment tabou.

Il est faux de croire que l'amour vient automatiquement avec le lien de sang. Je vous surprendrai peut-être ici en vous disant que beaucoup de parents ne se sentent pas d'affinités avec leur enfant. Peut-être est-ce votre cas, mais que vous ne vous êtes jamais accordé le droit de même le penser. Quelle mère ou quel père indigne vous seriez de dire que vous n'avez aucune affinité avec votre enfant et que s'il n'était pas à vous, ce n'est vraiment pas le genre de personne avec qui vous entretiendriez des liens. Mais comme il est là, vous devez faire avec.

Beaucoup me disent que s'ils pouvaient retourner en arrière, ils ne recommenceraient jamais, qu'en fin de compte ils n'étaient tout simplement pas faits pour ça. Ils ont cédé à la pression de la société, à celle de leurs parents ou de leur conjoint alors qu'ils ne sentaient pas ce besoin d'avoir un enfant.

Le contraire est tout aussi vrai. Des parents sont vraiment attristés que leurs enfants ne veuillent pas les voir. Et les enfants de me dire qu'ils n'ont pas choisi ce parent envers qui ils ne sentent aucun lien d'attachement. Ils sont peinés de le blesser, non pas qu'ils voient en lui une mauvaise personne, mais ils se sentent obligés envers lui plutôt que de s'y intéressé réellement.

C'est ainsi que la relation en constitue une d'obligation, comme un fardeau à porter.

On me demande souvent si l'on est obligé de maintenir une relation en raison du lien de sang qui nous unit à l'autre. Je crois sincèrement qu'entre tout ou rien le sentiment d'amour se prête à diverses nuances et que le lien familial, sans être obligatoirement fusionnel, peut à tout le moins être convivial et occasionnel.

CLÉ 22 : Déterminer les liens que vous souhaitez établir

Vous pouvez décider de la relation que vous souhaitez avoir, ou non, avec chacun des membres de votre famille. Si vous avez l'impression, par exemple, que vos proches sont parfois blessants envers vous alors qu'ils sont à d'autres moments agréables et que vous les aimez malgré tout, plutôt que de choisir de vous tenir loin d'eux, vous pourriez décider d'accorder autant d'attention à leurs paroles que vous le feriez pour un étranger.

Personnellement, si un parfait inconnu m'écrit une méchanceté sur un des réseaux sociaux que je fréquente, ça me coule sur le dos comme l'eau sur le dos d'un canard. En revanche, si ma fille ou ma mère me tient les mêmes propos, c'est comme un coup de poignard en plein cœur. Pourtant, ce sont les mêmes paroles. C'est à moi de décider que, peu importe le lien qui nous unit, ce que ma mère et ma fille pensent est leur point de vue, et je ne suis pas tenue de l'endosser, aussi intéressant soit-il.

Visualisez l'eau d'une rivière qui contourne un rocher comme les paroles vous contournent sans vous blesser ou même vous toucher. À vous de choisir consciemment le type de lien que vous souhaitez établir pour vous, dans toutes ses nuances, sachant que ça n'a pas à être tout ou rien.

Le lien qui nous unit à l'autre n'a pas à être tendu ou rigide. Il peut aussi être tout en souplesse avec la couleur, la légèreté et la distance que vous souhaitez lui donner. Vous devez déterminer, bien consciemment, les liens que vous souhaitez établir avec chaque personne que vous laissez entrer dans votre vie et, lentement mais sûrement, poser les gestes voulus pour que ces liens répondent en tous points à vos besoins.

Les relations amoureuses

Après plusieurs déceptions amoureuses, certains décident de ne plus s'engager, tristes et aigris de ne pas avoir connu une relation idyllique. Avant de prendre la décision formelle de barricader votre cœur à double tour, je vous suggère de vous servir des clés que je vous donne tout au long de ce livre.

Est-ce possible que vous nouiez toujours le même genre de relation avec le même genre de personne, sans trop comprendre ce que vous faites pour que ça ne fonctionne pas? Si vous ne savez pas qui vous êtes et si vous remettez continuellement la responsabilité de votre bonheur entre les mains de l'autre, il y a de fortes chances que vous soyez déçu. Si vous reproduisez toujours le même genre de relation avec le même genre de personne, vous obtenez à coup sûr le même genre de résultat. Cela va de soi.

Choisissez la relation amoureuse que vous voulez maintenant dans votre vie

Grâce à l'introspection ou avec l'aide d'un psychologue, d'un coach ou d'une personne de confiance de votre entourage, vous avez découvert vos qualités, votre valeur et ce que vous aimez. Demandez-vous maintenant quel type de personne vous voulez voir à vos côtés. Il est fort probable que cette personne n'ait pas du tout le même profil que cet amoureux ou cette amoureuse qui vous a blessé par le passé. Ajoutez à votre tableau de rêves la liste de ce que vous voulez vivre comme amour et qui n'est pas négociable. Faites-lui une place dans votre vie et dans votre cœur.

Ne vous fermez pas à l'amour par peur d'être blessé. Ouvrez-vous à l'amour parce que vous le méritez et que vous y croyez. Si vous n'y croyez pas, vous saboterez vos relations pour vous donner raison. Si vous ne connaissez pas votre valeur, vous vous contenterez de peu et serez déçu. Servez-vous des clés de ce livre pour vous connaître et savoir ce que vous désirez pour les bonnes raisons. Ne vous privez pas de ce bonheur.

Les relations de travail

Nombre de gens me disent qu'ils ont appris à leurs dépens de leurs relations de travail qui les ont blessés. Encore ici, certaines personnes se coupent complètement des autres plutôt que d'avoir un équilibre.

Je ne compte plus les fois où l'on m'a dit : « Maintenant, mes rapports avec les gens au boulot sont strictement professionnels. Avant, j'étais comme un livre ouvert et certains collègues se sont servis de mes faiblesses pour me faire du mal. À présent, je n'ai aucun échange personnel. Je salue à peine les gens et je m'isole. »

Je peux comprendre que, faute de clés, c'est la façon que vous avez trouvée de vous protéger. Ce que vous, vous devez comprendre, c'est qu'un milieu de travail est un milieu de travail. Vous y passez une grande partie de votre vie à côtoyer les mêmes personnes avec qui vous nouez ou non des liens. Mais cela reste votre milieu de travail et les gens avec qui vous travaillez ne sont pas tenus de devenir vos confidents ou thérapeutes, d'où l'importance de respecter le rôle qui revient à chacun.

Il est de votre responsabilité d'apprendre à vous connaître et de faire le tour de vos relations pour voir le rôle de chacun. Accusez-vous votre conjoint de tous les maux lorsque vous avez une mauvaise journée? Vous servez-vous de vos parents pour vous vider le cœur et leur vomir tout ce qui va de travers dans votre vie, pour ensuite partager les bons moments avec vos amis? Remettez-vous la responsabilité de votre bonheur ou de votre malheur aux autres? Ça ne peut jamais bien aller.

Les relations au travail n'ont pas à être une question de tout ou rien : « Je te raconte toute ma vie, ou rien du tout. » Encore là, tout est dans l'équilibre. Il est extrêmement important d'entretenir de bons rapports au travail du fait que vous y passez une grande partie de vos journées. C'est à vous d'installer un climat de confort entre vous et les autres, ni trop proche ni trop distant, afin de créer un milieu sain pour vous, plutôt que de verser dans la démesure.

Voilà pourquoi il est si important de faire un travail sur vous d'abord, et personne d'autre que vous ne peut le faire. Ce n'est qu'ensuite que vous pourrez déterminer le rôle de ceux qui vous entourent.

Voici, pour vous aider, les quatre accords toltèques, dont je vous invite à faire un visuel afin de les garder à l'esprit.

CLÉ 23 : Méditation : Les quatre accords toltèques[12]

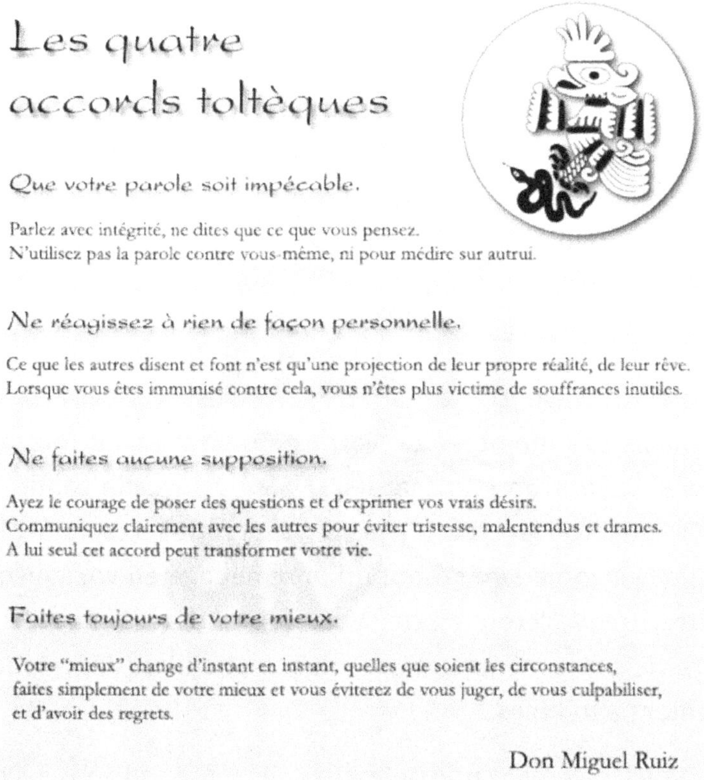

Les quatre accords toltèques

Que votre parole soit impécable.

Parlez avec intégrité, ne dites que ce que vous pensez.
N'utilisez pas la parole contre vous-même, ni pour médire sur autrui.

Ne réagissez à rien de façon personnelle.

Ce que les autres disent et font n'est qu'une projection de leur propre réalité, de leur rêve.
Lorsque vous êtes immunisé contre cela, vous n'êtes plus victime de souffrances inutiles.

Ne faites aucune supposition.

Ayez le courage de poser des questions et d'exprimer vos vrais désirs.
Communiquez clairement avec les autres pour éviter tristesse, malentendus et drames.
A lui seul cet accord peut transformer votre vie.

Faites toujours de votre mieux.

Votre "mieux" change d'instant en instant, quelles que soient les circonstances,
faites simplement de votre mieux et vous éviterez de vous juger, de vous culpabiliser,
et d'avoir des regrets.

Don Miguel Ruiz

Le rôle de vos parents prend fin une fois que vous devenez adulte. Ce rôle, ils l'ont joué en vous élevant du mieux qu'ils ont pu avec les connaissances qu'ils avaient à l'époque. Vos malheurs d'aujourd'hui ne leur appartiennent pas et de les en tenir responsables ne vous sert à rien d'autre que de piétiner.

Le rôle de vos amis est d'agrémenter votre vie sociale, non de se tenir à votre disposition nuit et jour et d'être à votre service comme une ligne d'écoute ou de jouer le rôle

---

[12] RUIZ, Don Miguel. *Les quatre accords toltèques,* Jouvence, 2005.

d'un thérapeute. Ils n'ont probablement pas les connaissances et compétences voulues. Ne leur donnez pas une responsabilité qui ne leur revient pas.

Les relations de travail doivent être amicales afin d'avoir du plaisir en travaillant, mais là encore, vous ne devez pas tout mélanger. Votre vie privée vous appartient et ne doit pas être divulguée partout autour de vous, y compris sur les réseaux sociaux. Si vous avez besoin d'être entendu, consultez quelqu'un dont c'est le métier, afin de bien vous outiller et que le rôle de chacun soit clairement défini.

Remettez-vous une partie de vos responsabilités entre les mains des membres de votre entourage? Leur imposez-vous ainsi un trop lourd fardeau? Si vous avez le sentiment qu'ils vous trouvent lourd à porter, reprenez la responsabilité qui vous incombe en faisant un bon ménage en vous jusqu'à trouver une légèreté d'être. Vous reprendrez la maîtrise de votre vie par la même occasion et entretiendrez des relations vraiment agréables.

Voici justement une belle clé pour puiser en vous les ressources dont vous avez besoin afin d'avoir le plein contrôle sur votre vie.

Quel âge avez-vous quand vous êtes en crise?

De quoi aurait besoin la petite fille ou le petit garçon en vous pour agir comme la femme ou l'homme que vous êtes en réalité? Quand on ne se sent pas à la hauteur et en confiance, on donne la responsabilité aux autres de nous conseiller, de nous guider, de nous sécuriser pour nous aider à surmonter toutes les fragilités auxquelles chacun d'entre nous est confronté à différents moments de sa vie.

CLÉ 24 : Donner des ressources à l'enfant en vous

Installez-vous confortablement. Nous allons maintenant donner des ressources à la femme ou à l'homme que vous êtes et qui agit encore comme s'il avait sept ou huit ans chaque fois qu'il a peur, qu'il manque d'amour, n'arrive pas à s'exprimer clairement, manque de confiance, se noie dans sa peine ou explose de colère.

L'exercice que je vous propose ci-après vous donnera les ressources dont vous avez besoin pour agir en adulte plutôt qu'en enfant. Je vous invite à lire ce qui suit à haute voix et à l'enregistrer pour pouvoir l'écouter chaque fois que vous en sentirez le besoin. Si vous ne faites que lire, sans faire l'exercice, ce sera comme si vous saviez que vous avez besoin de lunettes et que vous vous procuriez des lunettes, mais que vous choisissiez de ne pas voir clair.

Vous voilà donc installé confortablement, l'enregistreuse de votre portable activée. Enregistrez maintenant ce qui suit :

Ferme les yeux… Prends quelques bonnes respirations. Oui, c'est ça, c'est bien… Et encore…

Prends trois bonnes grandes respirations par le nez, en gonflant le ventre et en expirant par la bouche.

Respire.

Respire.

C'est bien.

Les yeux toujours fermés, visualise en esprit, lentement et calmement, la pièce dans laquelle tu te trouves, ses murs, son plafond et tout ce qu'elle contient. Sens aussi le contact de ton corps et du siège sur lequel tu prends place.

Respire.

Remarque les bruits ambiants, la température de la pièce.

Maintenant, laisse ton esprit grandir et emplir la pièce. Autant ton esprit est partout dans ton corps que tu peux sentir de la tête aux pieds, autant il est partout dans la pièce… Tu le sens, le vois et l'entends…

Respire.

Continue à élargir ta conscience jusqu'à emplir toute la maison, comme le zoom d'une caméra qui serait posé bien haut, quelque part dans le quartier…

Respire.

Tu peux maintenant ouvrir ta conscience à ta ville…

Respire.

Ce n'est pas comme si ton esprit s'envolait en laissant ton corps là… Non… Ton corps grandit avec ton esprit… Tes pieds sont bien ancrés au sol… Tu peux continuer à élargir ton esprit… jusqu'à l'élever… très, très haut…

Respire.

Vois-tu la ville? Prends ton temps… Étends ton esprit à ton rythme… Encore plus grand…

Respire.

Excellent. Maintenant, laisse ton esprit grandir jusqu'à voir la planète Terre d'en haut… et même le système solaire… et plus encore. Il n'y a pas de limites à l'univers… Le voyage ne fait que commencer…

Respire, tout en étant bien conscient d'être assis dans cette pièce, bien ancré au sol, pendant que ton esprit est à la fois ici et là-haut…

Respire.

Sens comme tout est relié… Toi… chaque personne sur la planète… et tout ce qui vit autour de toi… le monde du dehors comme le monde du dedans… L'immensité de l'univers reflète l'immensité de ton monde intérieur.

Toujours assis bien confortablement, tu peux élargir ta conscience à l'univers tout entier.

Respire.

Et maintenant, confortablement installé, les yeux toujours fermés, laisse venir à ton esprit ta ligne de temps.

Où se situent ton passé, ton présent et ton avenir?

Tu peux suivre la ligne de ton doigt. Où est ton passé? Un peu sur la gauche? À droite? Devant ou derrière?

Excellent. Ton présent et ton avenir maintenant? Magnifique.

Respire.

Trouve un symbole, une couleur ou une image qui représentera pour toi le moment présent afin de pouvoir y revenir par la suite. Garde ce symbole en mémoire.

Respire.

Trouve maintenant un moyen de transport qui te permettra de voyager le long de ta ligne de temps. Ne t'inquiète pas de l'image qui te vient à l'esprit, tapis volant, montgolfière, peu importe. Quand tu l'auras trouvé, examines-en les détails, la couleur, la forme, la texture.

Tu vas maintenant faire un beau voyage dans le temps. Ton véhicule te permettra de te détacher du présent et de flotter au-dessus de ta ligne de temps, à l'altitude qui te convient.

Te voilà donc bien installé, en sécurité dans ton véhicule. C'est l'occasion de retourner à la dernière fois où tu as remis ton pouvoir à un autre, où tu as refilé la responsabilité de ton bonheur ou les raisons de ton malheur à quelqu'un d'autre.

Comment nommerais-tu ce moment, cet épisode ou événement où tu as remis la responsabilité de ta vie à un autre?

Respire.

Que perçois-tu de toi à ce moment?

Respire tout en prenant le temps de voir tout ce qu'il y a à voir de toi et de l'autre.

Respire.

Qu'entends-tu pendant cet événement précis? Quels bruits, sons et paroles perçois-tu? Que te disent tes pensées, ton intuition? Il arrive qu'avec du recul, on entende des choses auxquelles on n'avait pas prêté attention sur le coup.

Respire.

Que ressens-tu au moment de cet événement? Quelles émotions t'habitent en ce moment?

Respire.

Et maintenant, tu peux interroger cet aspect de toi qui sait répondre... Quel événement, aussi petit soit-il, a causé ce manque de maîtrise et de confiance en toi, et qui t'a fait remettre à d'autres le pouvoir de créer ton bonheur ou ton malheur? Lorsque tu auras traité ce comportement et les émotions qui l'accompagnent, tu transformeras également tout événement semblable qui pourrait se produire par la suite.

Respire.

Tout doucement, confortablement et en toute sécurité dans ton véhicule à voyager dans le temps, visite ton passé pour voir la toute première fois où tu as remis ton pouvoir à d'autres.

Respire.

Ouvre ton esprit, montre-toi curieux de découvrir la réponse et prépare-toi à accueillir pleinement et tranquillement ce que tu observes en toute sécurité à bord de ton véhicule.

Très bien. Respire.

Peut-être entends-tu un chiffre, un nom... Laisse-toi surprendre par la réponse.

Laisse venir la réponse en écoutant simplement ton intuition. Laisse l'information venir à toi sans la juger.

Lorsque tu survoleras la toute première fois où tu as remis la responsabilité de ton bonheur dans les mains d'un autre, tu pourras t'arrêter.

Quel âge as-tu à ce moment?

Excellent.

Respire.

Reste curieux et va voir un peu plus loin encore.

Respire.

Prends le temps d'explorer tout ce qu'il y a à voir.

Que vois-tu? Quelle est la situation? Regarde-toi dans les moindres détails.

Physiquement, comment es-tu? Que portes-tu? Comment es-tu coiffé?

Quel est ton tempérament?

Qu'entends-tu? Que te dis-tu intérieurement? Que disent les autres?

Respire.

Descends maintenant dans l'événement, le temps de ressentir les émotions qui t'habitent alors que tu remets le contrôle de ta vie à un autre.

Nomme ces émotions. Distingue au moins cinq émotions et sentiments négatifs que tu ressens pendant que tu observes dans le confort de ton véhicule l'événement qui a déclenché en toi ce processus qui te pousse à confier les rênes de ta vie à un autre.

Reprends un peu d'altitude à l'aide de ton véhicule et vois si tu peux obtenir une perspective différente. Avec du recul, on peut parfois noter encore plus de détails.

Excellent. Respire.

De quoi aurais-tu eu besoin à ce moment pour remplacer les émotions négatives? Nomme les ressources dont tu aurais eu besoin.

Et maintenant, transforme à ta façon chacune de tes émotions négatives en lumière (en ressource). Tu peux, par exemple, ouvrir une porte par laquelle laisser sortir le négatif et laisser entrer de la lumière.

Tu peux visualiser un faisceau de lumière à l'aide duquel les émotions négatives se transforment sous tes yeux en ressources bienveillantes. À toi de voir de quelle façon tu veux transformer tes émotions négatives en ressources.

Prends le temps de transformer chacune des émotions négatives en ressource dont tu aurais aimé disposer la première fois où tu as abdiqué ton pouvoir au profit d'un autre.

Tu viens de faire un bel exercice d'introspection. Ce faisant, tu as appris des choses importantes à ton sujet et tu remises consciemment en toi ces apprentissages.

Et maintenant, poursuis cet exercice et, cette fois, toujours bien en sécurité dans ton moyen de transport, tu vas faire quelque chose qui risque de t'étonner. Tu vas de nouveau flotter vers le passé au-dessus de ta ligne de temps pour te retrouver quinze minutes avant l'événement et, de là, toujours installé confortablement à bord de ton véhicule, tu vas regarder en direction du présent.

Te voici à quinze minutes du premier événement où tu as remis ton pouvoir à un autre ce qui a changé le cours de ta vie.

Garde toujours les yeux fermés.

Respire.

Maintenant, aidé de tes ressources et de tes apprentissages, bien outillé, je t'invite à revivre avec force et confiance ce premier événement.

Qu'y a-t-il de différent? Qu'est-ce qui a changé?

Respire.

Avance le long de ta ligne de temps, avec toutes tes ressources et tes apprentissages, en passant rapidement en revue tous les événements depuis celui où tu as abdiqué ton pouvoir pour la première fois, et vois comment les choses se passent différemment maintenant.

Ta vie se réorganise en fonction des changements et des guérisons que tu as effectués, en cohérence avec les apprentissages que tu es en train de faire, au fur et à mesure que tu flottes au-dessus de ta ligne de temps, jusqu'au moment présent.

Respire.

Je t'invite à en profiter pour te pardonner les choses que tu as pu dire ou faire alors que tu n'avais pas les ressources voulues. Si tu le veux, tu peux également pardonner à ceux sur ton chemin qui ont contribué à tes apprentissages et te féliciter de choisir enfin la voie de la transformation.

Surtout, envoie-toi beaucoup d'amour à mesure que tu flottes au-dessus de ta ligne de temps, pour toutes les fois où tu as oublié de t'aimer. Entoure-toi d'amour, de compassion et de pardon pour toi et envoies-en à tous ceux qui croisent ton chemin.

Respire.

Tu as fait un travail important qui va te donner accès à de nouveaux comportements et sentiments positifs ainsi qu'à de nouvelles ressources. Tu es conscient des apprentissages qui font de toi qui tu es aujourd'hui et nous allons nous assurer que ces changements s'imprègnent dans tous les pores de ta peau.

Quand tu seras revenu au moment présent, garde les yeux fermés.

Respire.

Tu flottes de nouveau au-dessus de ta ligne de temps, cette fois du présent vers l'avenir, et tu survoles une situation semblable à celle qui te posait problème auparavant.

Observe comment tes comportements sont différents maintenant que tu as des ressources... Ce que tu dis de différent... Ce que tu fais de différent... Ce que tu entends... Ce que tu penses... Ce que tu ressens... Ce que les autres constatent de différent en toi dans ce futur, avec toutes tes ressources...

Tu peux avancer loin dans l'avenir : tantôt... demain... dans un mois... dans un an... dans dix ans... et te retourner pour regarder en direction du moment présent... Lorsque tu verras le symbole que tu as choisi pour représenter ton moment présent, reviens tranquillement à celui-ci. Chemin faisant, montre-toi curieux, car peut-être y a-t-il des choses qui se mettent en place de manière surprenante... Des personnes que tu n'imaginais pas qui pourraient être un soutien pour toi... De nouvelles occasions qui se présentent maintenant... Sois tout simplement curieux.

Quand tu seras revenu au présent, dirige-toi vers ton symbole du moment présent et ouvre alors les yeux.

Prends vraiment le temps de retourner complètement à ton corps physique. Prends conscience de la pièce où tu te trouves, du siège sur lequel tu es assis.

Respire.

Comment te sens-tu?

Tu as fait un travail important. Note maintenant par écrit tes ressources et apprentissages afin de les intégrer en toute conscience et d'être en mesure de t'en servir.

Dans le chapitre qui suit, nous examinerons la fuite : fuite géographique, fuite dans la consommation d'alcool, de nourriture ou de drogues, fuite dans le sommeil.

CHAPITRE 13

Voyage au bout de moi

Fuir ou prendre du recul? Ce n'est pas du tout la même chose. On confond bien souvent la fuite et le recul. Je ne vous parle pas ici de fuir pour ne pas revenir plus tard régler les choses de façon calme, posée et réfléchie. Dans le plan d'action que je vous propose plus loin, vous verrez que la première étape est de prendre du recul.

Dans ce chapitre, nous examinerons ensemble différentes formes de fuite et les clés pour vous aider à vous en sortir une bonne fois pour toutes.

Prendre du recul, et non la fuite, c'est prendre le temps de respirer et de voir s'il y a d'autres façons possibles de bien dire les choses, sans regret. Surtout ne pas fuir une situation pour ne jamais y revenir, ou laisser retomber la poussière sans rien régler, ce qui fait que les choses négatives s'accumulent jusqu'à ce que, tôt ou tard, tout finisse par exploser.

Prendre du recul, c'est marquer une distance par rapport à ce qui vient de se passer. Il ne s'agit pas de vous en éloigner pour mieux alimenter votre colère ou votre tristesse en vous racontant des histoires et en dramatisant la situation.

Dans mes conférences, j'explique à l'auditoire que tout est dans la façon de faire et de dire les choses. Si lors d'une dispute vous criez à l'autre que vous partez et qu'il ne vous reverra plus jamais, il y a de fortes chances que l'autre tente de vous empêcher de partir et que vous vous sentiez alors persécuté.

CLÉ 25 : Prendre le temps quand ça va bien d'établir un plan d'action

Si vous dites plutôt à l'autre que vous allez prendre le temps de vous calmer et de réfléchir avant d'en discuter, il y a de fortes chances qu'il respecte votre besoin. Pourtant, nombreux sont ceux qui me disent que leur conjoint insiste pour régler les choses sur-le-champ lors d'une dispute.

C'est votre responsabilité, quand tout va bien, d'expliquer à votre conjoint que c'est une nécessité pour vous de marquer un temps d'arrêt et qu'il est important de vous respecter dans cette décision. Si vous avez eu tendance, par le passé, à partir en hurlant pour ensuite revenir en faisant comme si de rien n'était, alors vous avez fui et il est fort possible que l'autre n'accepte pas ce mode de fonctionnement qui vous est habituel et tente plutôt de vous mettre sur la sellette.

Si dorénavant vous vous retirez afin de mettre à exécution le plan d'action que je vous présente au chapitre 24 pour faire alors un retour constructif sur ce qui vient de se passer, l'autre n'aura d'autre choix que de l'accepter, en sachant que c'est pour le mieux pour vous et pour lui. Il y a bien sûr une période d'adaptation pour que l'autre voie, tout comme vous, les bienfaits du recul par opposition aux colères explosives et aux regrets.

Il existe différentes formes de fuite, plus ou moins constructives. Partir à l'autre bout du monde en est une. Beaucoup de gens décident de quitter leur conjoint, leur emploi, voire leur pays dans l'espoir de s'éloigner de leur mal-être. Après l'euphorie de la nouveauté, ils se rendent vite compte que le monstre les a suivis pour reprendre la place qu'ils lui laissent. Je le répète, rien d'extérieur à nous ne peut enrayer le mal-être intérieur.

J'ai beaucoup voyagé. Et j'ai longtemps cru que mon mal-être restait à la maison et que ces voyages étaient un baume sur ma blessure à vif. J'ai vu des endroits exceptionnels et pourtant au moment où j'ai fait ces voyages, c'était un peu comme si j'étais dissociée du moment. J'y étais. J'observais, mais je ne ressentais pas la beauté et la splendeur qui m'entouraient.

Vous ne pouvez être bien et mal à la fois. Peu importe où vous allez, non seulement ne réglerez-vous pas votre mal-être, mais vous n'apprécierez pas le moment, aveuglé que vous serez, par la noirceur qui vous habite.

Ça me fait toujours sourire de voir des gens qui, dans des lieux exceptionnels, s'arrêtent au petit truc négatif qui cloche. Au lieu de voir le beau, ils cherchent le négatif en tout. Si vous croyez vous débarrasser du mal-être en le fuyant, sachez qu'il court tout aussi vite que vous et que quand vous êtes épuisé de courir, c'est là qu'il prend toute la place, un peu comme un boxeur qui court autour du ring pour épuiser son adversaire pour enfin lui porter le coup fatal lorsque ce dernier est à bout de souffle.

CLÉ 26 : Déposer ses gants de boxe

Il y a aussi beaucoup de gens qui fuient dans le sommeil. Il est vrai que combattre le mal-être est vraiment épuisant. Et si, à la place, vous déposiez vos gants de boxe et cessiez de le combattre pour plutôt valser avec lui? N'est-il pas plus agréable de danser que de combattre? La prochaine fois que vous aurez envie de fuir dans le sommeil, prenez le temps de vous demander si vous avez réellement sommeil ou ce que vous fuyez exactement.

Que pourriez-vous faire à la place pour vous faire du bien sans fuir? Par exemple, si la fuite dans le sommeil vous permet d'éviter une colère, quelle pourrait être votre nouvelle stratégie pour éviter la colère?

Si la fuite dans le sommeil vous évite de vivre la solitude, que pourriez faire à la place? Appeler un ami, faire du bénévolat, écrire comment vous vous sentez, organiser une activité, entreprendre un projet...

Fuir dans la consommation est une pratique que l'on voit aussi chez beaucoup de gens. Que vous preniez une pilule, de l'alcool ou des drogues illicites pour calmer votre anxiété ou votre insomnie, il s'agit de la même fuite. Que vous mangiez pour combler votre vide intérieur ou que vous achetiez des choses inutiles, rien de tout cela n'aura raison à long terme de votre mal-être. Tous ces pansements vous procurent peut-être un soulagement à court terme, mais il est de bien courte durée et il a toujours à la longue l'effet contraire à celui que vous cherchez, car au mal-être du départ s'ajoute avec le temps la dépendance à l'alcool ou aux drogues ou l'obésité et autres maux physiques qui viennent d'une mauvaise alimentation.

Je comprends que, bien souvent, faute de clés, on se serve de ce qui est à portée de main, un peu comme un moindre mal, mais quand ce « moindre mal » vient aggraver la situation, il faut nous rendre à l'évidence et reconnaître que nous faisons fausse route. Mais à partir de maintenant toutefois, grâce aux clés que vous retrouvez dans ce livre, vous avez le choix de continuer à faire comme vous avez toujours fait et obtenir encore et toujours les mêmes résultats tout en vous apitoyant sur votre sort ou de tenter consciemment autre chose pour voir des changements se produire enfin. Les petits changements qui semblent anodins apportent des résultats surprenants. Faites-le, tout simplement. Soyez un peu comme Thomas : Doutez, mais agissez et vous verrez votre vie se transformer.

J'ai longtemps joué les victimes. Je sais donc très bien de quoi je parle. Loin de moi l'intention de vous brusquer, mais c'est exactement ce qui m'a permis à moi d'aller de l'avant. Se faire dire en face les vraies choses peut secouer sur le coup, mais permet de voir la réalité telle qu'elle est. J'aurais pu continuer à nier et à me mentir en me répétant que ce n'était pas ma faute. J'ai choisi de faire ce que je vous suggère ici et de me secouer en accomplissant des gestes concrets pour changer le cours de ma vie.

Ici, je vous suggère de marquer un temps d'arrêt pour prendre du recul devant une situation difficile. Quelques instants seulement vont suffire pour changer votre énergie. Quand le besoin de fuir monte en vous, je vous invite à vous asseoir confortablement, à fermer les yeux et à vous rappeler un beau moment où le bien-être était présent.

Rappelez-vous, vous ne pouvez pas vous sentir mal si vous emplissez consciemment votre esprit d'un moment de bien-être. Prenez le temps de vous remémorer un moment où vous avez eu du plaisir, où vous avez été heureux et en paix. Oui, vos pensées vont tenter de vous ramener à votre mal-être, mais n'oubliez pas que c'est vous qui avez le contrôle de vos pensées et que c'est donc vous qui choisissez de laisser ou non le contrôle de vos pensées au mal-être.

Faites le choix d'imprégner votre esprit de souvenirs heureux, le temps de laisser le mal-être se dissiper. Je vous suggère d'ouvrir un dossier de photos de bonheur dans votre téléphone cellulaire et d'ouvrir ce dossier chaque fois que vous sentez le besoin de vous replonger dans ces moments de bonheur.

CLÉ 27 : Visualiser un moment de pur bien-être

Tout en respirant, calmement et profondément, rappelez-vous un moment où vous avez été vraiment bien. Pour ma part, quand je suis envahie par un tourbillon d'émotions, je me vois sur une montagne en Suisse où j'ai contemplé un superbe coucher de soleil il y a plusieurs années déjà. Ce moment en a été un de paix et de calme intérieurs où je me suis sentie en symbiose avec la nature. Je voyais les montagnes et le soleil qui descendait doucement, et j'entendais le silence transpercé seulement par le bêlement d'un troupeau de moutons au loin.

À chaque respiration, prenez conscience du bien-être qui a envahi chaque cellule de votre corps à ce moment. Je me rappelle très bien qu'assise au sommet de cette montagne, j'étais si bien que j'ai souhaité que le temps s'arrête pour ressentir encore et toujours cet état. Il y avait une petite brise, la température était à point. Le moment était juste parfait.

Je vous jure que chaque fois que je repense à ce moment, j'arrive à le revivre exactement comme quand j'y étais et à ressentir le même bien-être. Je ne vous dis pas que c'est facile, mais à force de refaire les mêmes visualisations, vous conditionnez votre cerveau et la visualisation devient de plus en plus facile et rapide. Avec de la pratique, le cerveau sait exactement où vous voulez aller et vous y conduit de plus en plus rapidement. C'est comme pour les souliers; au début, vous devez prendre le temps de vous arrêter, de comprendre et de pratiquer à les lacer jusqu'à ce que ça devienne un automatisme et que vous le fassiez sans que vous ayez à réfléchir.

Au moment où j'écris ces lignes, c'est exactement la même chose qui se produit en moi. Pendant que je suis assise à mon bureau à écrire, je suis aussi sur cette montagne où je me vois danser dans la légèreté et le bonheur de vous offrir toutes ces clés qui vous aident à transformer votre énergie en quelques minutes et à vous éviter ainsi de vous fuir vous-même.

À vous de choisir entre fuir le mal, en vous faisant du mal, ou marquer un temps d'arrêt et vous faire du bien. Vous savez tout comme moi que fuir en vous faisant du mal ne vous a jamais réellement servi.

Examinons maintenant le sentiment de persécution que vous avez peut-être quand vous croyez hors de tout doute que les gens sont ligués contre vous.

CHAPITRE 14

Persécution, as-tu vraiment raison?

Dans les pages qui suivent, nous verrons une formule gagnante pour concentrer notre énergie sur une vie de couple harmonieuse.

Lors d'un séjour à Cuba, il y a plusieurs années en compagnie d'une amie, j'ai fait des prises de conscience exceptionnelles alors que l'île était frappée par la queue d'un ouragan. La direction a barricadé l'hôtel où nous étions descendues et nous avons dû rester à l'intérieur pendant plusieurs jours par mesure de sécurité. Ce qui devait être un beau voyage de repos sous le soleil s'est avéré un voyage de découvertes.

À l'hôtel, j'avais remarqué un beau couple dans la soixantaine que je me plaisais à observer. La complicité dans leur regard et le bonheur qu'ils partageaient de toute évidence me touchaient et attiraient mon attention.

J'aime observer les gens sur la plage, au parc, à l'épicerie et imaginer leur histoire. Dans le cas de ce couple, j'ai pu entendre leur histoire, qu'ils m'ont racontée dans le hall de l'hôtel. J'étais allée les voir pour me présenter et leur dire combien je les trouvais beaux. J'aime faire des compliments; c'est un geste qui fait toujours très plaisir et qui me remplit de bonheur. En tout cas, moi, quand les gens dans un lieu public me font des compliments sur mon sourire, mes yeux ou ma tenue, ça me touche.

Personnellement, je ne connais pas beaucoup de gens de cet âge qui semblent vivre un amour d'adolescents. Ce couple était magnifique à mes yeux. C'était exactement ce genre de relation que je voulais dans ma vie. Comment faisaient-ils pour être encore aussi complices?

Comme le couple était très sympathique et que l'alcool coulait à flots, ce qui bien souvent délie les langues, j'ai eu droit à de belles confidences de la part de la dame. Elle et son mari étaient si charmants que ma copine et moi les avons « adoptés », si bien que nous nous adressions à eux en les appelant « mon oncle » et « ma tante » avec beaucoup de respect et d'amour.

Ma tante m'a confié qu'en quarante ans de vie commune, ça n'avait pas toujours été rose et que, dans les moments plus difficiles, elle se concentrait sur les beaux côtés de son mari. Cette clé, je ne l'ai pas apprise dans les livres ou au cours d'une formation, mais simplement en observant cette femme qui, à mon avis, était l'exemple parfait de la réussite amoureuse. Je me suis ensuite servie de ce modèle pour l'implanter dans ma propre relation amoureuse et la partager avec mes clients et mes lecteurs.

Nous n'avons pas toujours de réel modèle et nous suivons donc les modèles que nous connaissons et qui n'ont pas fonctionné. Si nous faisons ce que nos parents et grands-parents ont fait alors que ça n'a pas fonctionné pour eux, les chances que nous obtenions des résultats différents en reproduisant ces mêmes comportements sont nulles.

Je sais, vous allez me dire que ce n'est pas votre faute puisque c'est tout ce que vous connaissez. Là, c'est l'enfant en vous qui parle. En tant qu'adulte, vous êtes en mesure de distinguer ce qui est bien de ce qui ne l'est pas, et de ne pas reproduire les erreurs de vos proches. Combien de clients me disent qu'ils sont le portrait de leur père ou de leur mère et qu'ils détestent se voir ainsi! Il ne tient qu'à vous de transformer votre personnalité à l'image de ce que vous souhaitez et non de ce que vous ne voulez pas. Il arrive trop souvent que les gens se contentent de ce qu'ils connaissent et reproduisent le même genre de relations qu'ils n'ont pas aimées de leurs parents.

Revenons donc à ma tante et à son modèle de réussite. Ce qu'elle me révéla c'est que dans les moments où ça allait moins bien avec mon oncle, plutôt que de mettre l'accent sur le fait, par exemple, qu'il entrait avec ses bottes sales dans la maison alors qu'elle venait de laver le plancher, elle prenait une bonne respiration et se rappelait la raison pour laquelle ses bottes étaient sales. Mon oncle travaillait fort pour que ma tante mène une belle vie et elle lui en était reconnaissante. Est-ce que lui faire remarquer qu'il venait de salir le plancher était plus important que de lui dire combien il était bon pour elle?

Elle choisissait toujours de lui faire remarquer ses bons points. Nous avons l'habitude de faire le contraire dans bien des cas, en tenant pour acquis que l'autre sait ce que nous apprécions de lui sans que nous ayons à le lui dire. Nous soulevons ce que l'autre fait de mal, comme s'il n'en savait rien, ou supposons qu'il le fait intentionnellement, pour nous blesser.

CLÉ 28 : Parler en sandwich

Pour ma part, l'idée de ne souligner que le positif sans mentionner ce qui me dérangeait ne faisait pas de sens. J'ai plutôt choisi l'effet sandwich : Je souligne un aspect de l'autre dont je suis reconnaissante, je mentionne ensuite ce qui me dérange, puis je termine par un autre compliment.

Par exemple, dans le cas de ma tante, elle aurait pu dire à son mari : « Tu travailles si fort pour nous donner cette belle qualité de vie. En passant, je viens tout juste de laver le plancher et j'aimerais bien que tu laisses tes bottes dans l'entrée. T'ai-je dit merci pour ce superbe week-end que nous venons de passer? »

Voilà une technique gagnante, grâce à laquelle notre interlocuteur reçoit deux fois plus de positif que de négatif pendant que nous nous efforçons de lui communiquer à la fois le beau et le moins beau.

Ma tante croyait sincèrement que le secret du succès de sa relation de couple était de voir le bon et le beau dans tout ce que faisait son mari. Elle lui parlait aussi avec amour et bienveillance, en ajoutant chaque fois des mots doux même après quarante ans de vie commune, histoire d'entretenir la flamme. Elle était persuadée que ce serait persécuter mon oncle si elle lui disait ce qui la dérangeait dans ses comportements et qu'elle mettrait ainsi fin à leur relation, parce que quand on ne voit que les défauts de l'autre, ça devient lourd pour tous les deux et ça ne peut durer. D'où l'importance de voir l'autre par le biais de ses qualités.

Ma tante m'a également expliqué que ce voyage à Cuba revêtait pour elle une signification bien spéciale. Elle adorait voyager, mais son mari, lui, avait peur de l'avion et avait jusque-là toujours refusé de l'accompagner. Elle avait donc visité différents coins de la planète au cours des trente dernières années en compagnie d'amis ou de membres de sa famille, ou même seule. Elle et son mari se respectaient et il n'était pas question qu'il la contraigne à rester à la maison ou qu'elle-même le force à l'accompagner. D'avoir chacun ses passions, aux dires de ma tante, est très important dans un couple. Souvent, lorsqu'elle partait en voyage, mon oncle en profitait pour aller à la chasse ou à la pêche et chacun faisait donc l'activité qui lui plaisait.

Or voilà qu'après quarante ans, mon oncle s'était enfin décidé à prendre son courage à deux mains et à accompagner ma tante à Cuba en se disant que cette fois, il partagerait son bonheur avec elle plutôt que d'attendre qu'elle lui raconte son voyage à son retour, comme elle l'avait toujours fait auparavant.

Juste à voir le regard d'amour et de complicité que se jetaient ces deux tourtereaux, je n'avais aucun doute que leur méthode fonctionnait à merveille. Je n'ai encore jamais vu à ce jour des gens qui sont ensemble depuis aussi longtemps se regarder avec autant d'amour.

CLÉ 29 : Se rappeler les bons moments et en créer de nouveaux

Ils ont été très généreux avec moi et m'ont dit que ça n'avait pas toujours été facile, mais qu'il est important en pareil cas de se rappeler tous les bons moments et d'en créer de nouveaux. Surtout, il fallait éviter de penser que c'est mieux ailleurs sans d'abord avoir fait les efforts que nous déploierions si nous entamions une nouvelle relation.

C'est avec tristesse que j'ai appris le décès de mon oncle quelques mois plus tard. Je serai éternellement reconnaissante à ce couple qui a, à jamais, changé ma perception d'une relation amoureuse. Grâce à ce modèle absolument exceptionnel, j'ai aujourd'hui une magnifique relation de couple.

CLÉ 30 : Le principe de Pareto

Le principe de Pareto stipule qu'avec seulement 20 % d'efforts, 80 % du résultat peuvent déjà être atteints. Pour les 20 % restants, il faut alors mettre 80 % d'efforts. On l'appelle souvent la loi des 80-20.[13]

Si vous accordez 20 % de votre temps à bâtir la relation que vous souhaitez, vous réussirez à 80 %. Si vous désirez une relation parfaite, ce en quoi moi je ne crois pas, vous devrez consacrer 80 % de votre temps aux 20 % restants.

Si 80 % du temps que vous passez en compagnie de votre partenaire vous convient, dites-vous que c'est la bonne personne pour vous, car personne n'est parfait, pas même ma tante et mon oncle, qui vivaient pourtant une relation idyllique. Il s'agit donc de concentrer vos efforts sur les 80 % de la relation qui vous conviennent afin d'atténuer les effets des 20 % qui laissent à désirer.

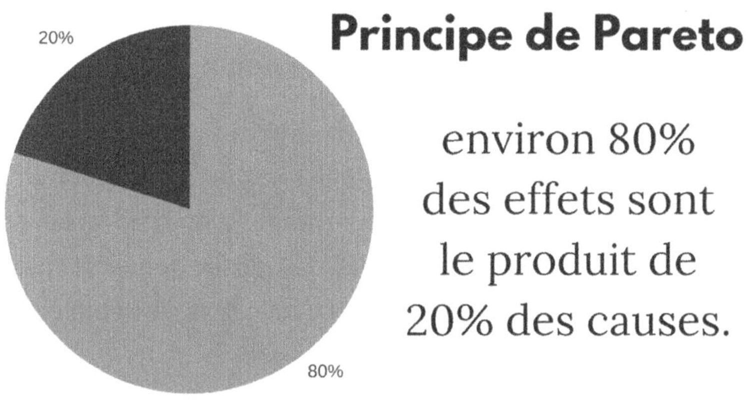

Dans le chapitre qui suit, nous verrons une autre facette de la personnalité qui peut être vue comme une fragilité ou une force. L'hypersensibilité, ça vous dit quelque chose?

[13] https ://www.ionos.fr/startupguide/productivite/principe-de-pareto/

CHAPITRE 15

Hypersensibilité : quand tu me blesses

Les nerfs et le cœur à vif, les gens hypersensibles laissent souvent leur entourage désemparé devant leur souffrance. Examinons ensemble l'hypersensibilité ainsi que les clés qui en feront un atout dans votre jeu plutôt qu'une entrave à vos relations.

Un mot, un geste bien anodin et les gens hypersensibles sont blessés. La réaction d'une personne qui vit avec l'hypersensibilité à quelque chose qui apparaît comme parfaitement banal aux yeux de ceux qui n'ont pas ce trait de caractère qui peut paraître à ces derniers exagérée ou démesurée. Pourtant sa blessure est bien réelle. Une blessure physique est visible et ceux qui la voient sont convaincus de la souffrance de la personne blessée. La blessure intérieure peut faire tout aussi mal ou même plus mal, mais elle reste invisible à l'œil nu, si bien que ceux qui l'infligent restent souvent persuadés qu'ils n'ont rien fait de mal. C'est pour cette raison que certains ont recours à l'automutilation, la douleur physique venant soulager temporairement la grande souffrance intérieure.

CLÉ 31 : Retour à l'expéditeur[14]

Je crois sincèrement qu'il appartient aux gens hypersensibles d'apprendre à se protéger. Une bonne façon d'y arriver est

[14] Inspiré des enseignements d'Access Bars, https://www.accessconsciousness.com/en/micro-sitesfolder-/accessbars/

de vous demander si ce qui est dit ou fait vous appartient. Si ce n'est pas le cas, eh bien, retournez le tout à l'expéditeur.

C'est votre responsabilité d'apprendre à vivre avec cette hypersensibilité qui est une facette parmi tant d'autres de votre personnalité. L'hypersensibilité ne vous définit pas comme personne; elle fait partie d'un tout, mais ce n'est pas vous. Elle fait partie de vos traits de caractère au même titre que l'altruisme, la bienveillance, la timidité ou la colère. À partir du moment où vous prenez conscience de votre hypersensibilité, vous avez le pouvoir de décider de la place qu'elle doit occuper dans votre quotidien, puisque vous possédez les clés pour en prendre le contrôle.

Il est important de ne pas remettre la responsabilité de ce que vous vivez aux autres. Les gens n'ont pas à marcher continuellement sur des œufs de peur de vous blesser. Je propose toujours différentes méthodes à mes clients pour qu'ils apprennent à se protéger eux-mêmes. Sans être une spécialiste de l'hypersensibilité, je suis moi-même hypersensible. Il reste que je n'aurais pas pu faire mon travail de coach si j'avais déposé toutes les misères du monde dans mon baluchon.

Il y a des gens que les malheurs de la planète atteignent de plein fouet comme s'ils en étaient personnellement responsables, et qui vivent intensément la souffrance d'autrui comme si elle était la leur. D'autres s'approprient l'entière responsabilité des souffrances et douleurs de leurs proches. Tous déposent le tout dans leur baluchon, par-dessus les souffrances qui leur appartiennent en propre. Comme c'est lourd à porter!

CLÉ 32 : Bulle de protection

Un des meilleurs outils pour contrer l'hypersensibilité est la visualisation. Commencez toujours par vous demander si la souffrance qui vous assaille est bien la vôtre. Si ce n'est pas le cas, imaginez-vous en train de l'extraire de votre baluchon afin de la retourner à qui de droit. Vous pourriez imaginer, par exemple, que vous en faites un colis sur lequel vous inscrivez en grosses lettres RETOUR À L'EXPÉDITEUR pour ensuite le déposer au comptoir de la poste.

L'étape suivante consiste à vous entourer d'une bulle de protection.

Imaginez une lumière tout en écoutant le silence et en ressentant le calme et la paix. Lorsque la lumière sera tout près de vous, je vous invite à y pénétrer. Imaginez que cette lumière vient vous envelopper ou encore que vous y entrez tout entier. Installez-vous-y confortablement, en toute sécurité.

Personnalisez maintenant cette bulle de protection en fonction de vos besoins. Elle sera avec vous chaque jour à votre réveil et vous suivra tout au long de la journée.

De quel genre de bulle de protection avez-vous besoin? Doit-elle être transparente, de manière que vous vous sentiez en sécurité sans que les autres la voient? Doit-elle être imperméable, pour qu'événements et paroles glissent sur elle comme l'eau sur le dos d'un canard?

Prenez le temps de bien façonner votre bulle de protection. Quelle en est la texture? Quelle en est la couleur? A-t-elle une odeur? Créez cette bulle en fonction de vos besoins pour que vous puissiez y prendre place dès votre réveil, avec tout ce qui vous appartient, sans rien laisser entrer de ce qui est extérieur à vous. Aucune parole, aucun geste ne peut vous atteindre si vous ne lui accordez pas d'importance. Vous êtes seul responsable de ce qui vous atteint ou non.

Votre bulle prend-elle l'allure d'une armure? Façonnez consciemment cette armure plutôt que de laisser le contrôle de votre protection à votre inconscient et aux éléments extérieurs. Je vous entends marmonner : Je ne dis pas que c'est facile, mais si vous vous y employez chaque jour, votre cerveau, qui est malléable, finira par enregistrer que vous êtes protégé.

Je vous propose de faire cette visualisation chaque jour pendant les vingt et un jours suivants et de m'en donner des nouvelles par courriel. Si vous le faites vraiment, vous obtiendrez de réels résultats. Il faut y croire et le faire, car cette clé à elle seule peut changer le cours de votre vie.

Nous allons maintenant modéliser cette technique ensemble. Je vous invite à enregistrer le texte qui suit sur votre téléphone intelligent afin de vous créer la bulle ou l'armure de protection dont vous avez besoin pour que votre hypersensibilité vous serve, plutôt qu'elle vous blesse. Lisez le texte lentement en laissant des silences pour vous permettre de visualiser.

Assis confortablement, les yeux fermés, tu prends trois bonnes respirations en gonflant le ventre et en expirant par la bouche tout ce dont tu n'as plus besoin. Passé, avenir, fatigue, stress, peur, tristesse, insécurité : tu expires tout ce dont tu n'as pas besoin. Tu es ici maintenant, dans l'instant présent, et en toute sécurité, puisque rien en ce moment ne peut t'arriver.

Imagine de belles grosses racines rouges qui partent de la plante de tes pieds et s'enfoncent très profondément dans la terre. Tu sens toute la force et l'énergie de la Terre mère. Tu vois ces puissantes racines s'ancrer solidement et profondément dans le sol. Tu observes la sève, l'énergie et la puissance de la terre qui circulent dans tes racines et montent tout doucement dans tes pieds, le long de tes jambes et partout en toi. Comme la sève qui circule dans les arbres, cette énergie et cette puissance circulent maintenant en toi.

Les yeux fermés, tu respires calmement en gonflant ton ventre. Tu sens tourbillonner à l'intérieur de ton ventre toute la force et l'énergie de la terre. Tout en respirant profondément, tu sens tes poumons se gonfler d'énergie, et ton cœur battre à l'unisson avec la nature qui t'entoure. Tu ne fais qu'un avec la nature. L'énergie fait tourbillonner tes pensées, tel un vent frais d'été qui fait tourbillonner les feuilles au sol. Ton esprit se libère de toute pensée. Tu es bien dans la terre, tes branches et tes feuilles vibrent dans le vent avec fluidité et légèreté.

Tu respires calmement en gonflant ton ventre. Tu imagines un fil doré qui part de la racine de tes cheveux pour aller se connecter à beaucoup plus grand que toi, Dieu, l'univers, la grande conscience, peu importe tes croyances. Tu es relié à une énergie infinie. Tu prends conscience des liens qui nous unissent, toi et tous les autres, à l'univers et à la terre. Nous formons un tout. Bien enraciné à la terre et relié à l'univers, tu te sens en parfait équilibre, ici et maintenant, entre ciel et terre. Tu perçois dans chaque cellule de ton corps toute la force et l'énergie de la nature qui reste bien droite malgré vents et marée.

Tes yeux toujours fermés, tu décides de la protection dont tu as besoin pour t'aider, à l'aide d'images et de symboles de toutes sortes, sachant que toi seul es en mesure, avec l'énergie de la terre et de l'univers, de te protéger de l'intérieur pour que plus rien d'extérieur et négatif, ne puisse t'atteindre.

De quel type de protection as-tu besoin maintenant? S'agit-il d'une bulle légère et diaphane? D'une armure en titane? D'une énorme sphère qui tient à distance tous ceux qui pourraient chercher à déverser leur fiel sur toi? Tu visualises clairement l'image de cette protection dans ses moindres détails, sa texture, sa couleur, son odeur, sa forme. Tu prends tout le temps voulu pour bien ressentir cette protection dans chaque pore de ta peau.

Et quand la bulle de protection est bien installée, solidement en place en toi ou autour de toi, qu'est-ce que tu aimerais qu'il se passe? À quoi ressemble cette protection dont tu as besoin pour que ce soit plus léger pour toi et ton entourage?

Qu'est-ce que tu aimerais voir se passer avec ton hypersensibilité? Maintenant qu'elle est protégée, devient-elle une sensibilité bienveillante? Que doit-il se produire pour que cette sensibilité bienveillante soit tournée vers toi?

Quelle est la relation entre hypersensibilité et sensibilité bienveillante? Qu'est-ce que tu sais maintenant que tu ne savais pas auparavant?

Tu ressens la sensibilité bienveillante dans chacune des cellules de ton corps, comme la sève qui circule dans les arbres. Tu es en parfaite sécurité grâce à la protection dont tu t'entoures consciemment.

Tu ouvres les yeux tout en gardant cette énergie en toi pour y revenir aussi souvent que tu en sens le besoin au cours de la journée.

Faites cet exercice à tous les jours pendant vingt et un jours pour ancrer en vous cette sensibilité bienveillante dont vous avez le plein contrôle.

Voyons maintenant comment le simple fait de comprendre que tout est question de perception vient complètement alléger les événements.

CHAPITRE 16

Ma perception n'est pas toujours mauvaise

Les gens que je reçois dans mon cabinet ou qui participent au groupe de discussion de Borderline Anonyme rapportent souvent des situations qu'ils vivent. Beaucoup, par manque de confiance et à force de se faire dire qu'ils ont tort, finissent par y croire.

Nous avons vu que tout est question de perception, selon nos filtres, nos valeurs et nos expériences. Or, même si vous ne percevez pas les choses de la même façon qu'un autre, cela ne signifie en rien que l'un a raison et que l'autre se trompe. Vous avez tout simplement des points de vue différents.

Mon intention dans ce chapitre est de vous faire comprendre qu'il existe autant de perceptions qu'il y a d'humains sur terre.

Une de mes clientes que je coachais en privé aimait aussi se joindre au groupe de discussion de Borderline Anonyme, qui s'adresse à ceux qui ont un trouble de la personnalité et à leurs proches. Elle y trouvait des gens comme elle qui avaient bien souvent la même perception qu'elle et elle se sentait mieux comprise et moins seule.

Un jour, elle y emmena son conjoint. Nous étions, comme d'habitude, tous assis en cercle pour partager sur la thématique du mois. Son conjoint prit la parole pour nous expliquer comment il intervenait auprès d'elle lorsqu'il y avait un conflit à la maison. C'était un homme gentil et bienveillant, mais ce soir-là, en voyant la majorité des participants devenir mal à l'aise en entendant ses propos, il a compris que ce qui lui semblait calmant avait pour effet non seulement de faire perdre le contrôle à sa conjointe, mais faisait aussi monter un malaise dans la salle.

Il a pris conscience que lorsque sa conjointe lui disait que ses propos ne l'aidaient pas, ce n'était pas par mauvaise volonté, mais tout simplement que ce qui l'aidait à se calmer, lui, ne l'aidait pas, elle. Et il en a eu la preuve lors de cette rencontre. Peut-être s'était-il attendu à ce qu'on le félicite, mais il a plutôt vu les gens changer de position sur leurs chaises, de toute évidence mal à l'aise.

Ce qui semble bon pour l'un ne l'est pas nécessairement pour l'autre. C'est une erreur de croire que vous savez ce qui est bénéfique pour l'autre. Voilà pourquoi il importe tant de se connaître sous toutes ses facettes et de bien lui communiquer qui l'on est.

On peut interpréter les choses de tant de façons, ce que je constate quand je coache des couples. Je me rappelle un couple venu me consulter parce que tous deux ressentaient une insatisfaction en dépit de l'amour qu'ils avaient l'un pour l'autre.

Ils n'avaient aucun doute de leur amour l'un envers l'autre, mais leur façon de se le démontrer les laissait insatisfaits. La femme avait besoin d'entendre son conjoint lui dire qu'il l'aimait et qu'il le lui démontre par de petites attentions, en prenant le temps par exemple de s'intéresser à ses projets personnels. Quant au conjoint, il avait l'habitude de la couvrir de cadeaux, façon pour lui de prouver à sa femme qu'il l'aimait. Pourtant, celle-ci voyait plutôt dans ce geste une façon d'acheter son amour ou la paix, et aussi que cela ne demandait à son mari aucun effort.

Cette femme de carrière était en mesure de s'offrir elle-même ce qu'elle voulait, et elle ne voyait pas là un moyen de combler son besoin d'amour. De son côté, elle donnait à son conjoint ce qu'elle aurait voulu obtenir de lui, en lui disant combien elle l'aimait et en s'intéressant à ce qu'il faisait, en espérant qu'il ferait de même.

Quant au mari, il ne sentait pas ce besoin de se faire dire par sa conjointe qu'elle l'aimait, car il ne doutait aucunement de son amour. De plus, les petites attentions lui paraissaient inutiles. Il aurait préféré de beaucoup avoir plus de rapports sexuels avec elle, ce qui pour lui représentait une preuve d'amour.

Comme ni l'un ni l'autre ne percevaient les besoins de l'autre, les bonnes intentions de chacun tournaient souvent en déceptions, car une mauvaise interprétation d'une bonne intention peut rapidement se transformer en malentendu. Lorsque la femme disait à son mari qu'elle l'aimait et qu'elle s'intéressait à ce qu'il faisait, lui y voyait des avances pour faire l'amour. Elle, déçue qu'il ne lui rende pas la pareille, se mettait alors en colère. Lui, décodant mal les paroles de son épouse, sentait plutôt qu'elle lui envoyait des signes contradictoires auxquels il ne comprenait rien.

Ces deux personnes s'aimaient d'un amour véritable et étaient bienveillantes l'une envers l'autre. La femme aimait faire l'amour avec son mari, mais en raison de cette incompréhension des signes de l'un et de l'autre, ce que chacun faisait pour faire plaisir à l'autre n'aidait en rien.

CLÉ 33 : Prendre le temps de vérifier

Prenez le temps de vous demander ce dont vous avez besoin, vous, dans votre couple. Est-ce de vous faire dire de belles choses, des mots doux? Ou êtes-vous de ceux qui désirent des gestes concrets, convaincus que les paroles s'envolent?

Demandez à l'autre ce qui est une preuve d'amour pour lui. Sa réponse pourrait vous surprendre. Et ne jugez pas vos différences, mais dites plutôt à votre tour ce que vous préférez.

Il y a des gens qui sont visuels, d'autres plus auditifs, et d'autres encore, plus kinesthésiques. Est-ce que vous faire offrir un cadeau est vraiment un gage d'amour? Un message mal codé peut changer le cours d'une relation.

Un couple est venu me consulter un jour pour l'incompréhension qu'ils avaient l'un envers l'autre. Elle, femme de carrière, faisait un gros salaire. C'était une femme drôle, qui aimait avoir du plaisir, mais qui était aussi très autoritaire et qui avait beaucoup de difficulté à se montrer chaleureuse et affectueuse envers son mari.

Pour elle, une preuve de son amour était de préparer à l'occasion un repas à son conjoint malgré un horaire très chargé. Prendre le temps de passer à l'épicerie et de lui préparer ensuite un repas était à ses yeux une grande preuve d'amour. Pour lui toutefois, il était normal que son épouse le fasse de temps à autre et il ne voyait pas de preuve d'amour dans ce geste. Il avait besoin de se faire dire merci pour tout ce qu'il faisait dans la maison, qu'elle lui dise qu'elle l'aimait et qu'elle soit affectueuse envers lui.

Comme elle voyait à la majorité des dépenses de la maison, la femme, de son côté, était d'avis que de laisser son mari aller jouer au hockey chaque semaine avec ses copains et de lui préparer un repas à l'occasion valait beaucoup plus qu'un « merci » ou un « je t'aime ».

Quand ils ont compris leur différence, ils ont tenté de s'adapter pour finalement se rendre compte plus tard qu'aucun des deux ne pouvait donner à l'autre ce dont il avait besoin parce qu'ils n'étaient tout simplement pas faits l'un pour l'autre.

Cela en fait-il de mauvaises personnes? L'un est-il meilleur que l'autre? Bien sûr que non! Chacun est unique, et personne ne peut s'entendre avec tout le monde, car le tempérament de l'un ne convient pas nécessairement à celui de l'autre. Deux bonnes personnes bien intentionnées ne sont pas nécessairement en mesure de se combler l'une et l'autre.

CLÉ 34 : L'approche Sigouin

Selon l'approche Sigouin, de la sexologue Louise Sigouin, auteure du livre *Si on s'aimait* et de l'émission de télévision du même nom, il y aurait cinq dualités possibles dans les couples : dépendant-codépendant, fusionnel-solitaire, rationnel-émotif, vite-lent et actif-rêveur.

Je vous donne ici une brève définition de ces termes et de la dynamique de couple que façonnent ces dualités, que je trouve pertinente. Je vous invite à lire son livre pour en apprendre davantage sur les dualités et différences de chacun dans le couple.

Pour Louise Sigouin, un dépendant est d'abord centré sur ses besoins personnels et peu conscient de ceux des autres. Quand il semble s'en préoccuper, c'est toujours en fonction de ses désirs et intérêts personnels. À l'inverse, le codépendant veille plus aux besoins des autres qu'aux siens propres.

Si votre conjoint et vous êtes tous deux dépendants, chacun attentionné à ses propres besoins, votre couple a peu de chances de survivre. On ne peut pas changer son caractère profond, c'est-à-dire qui l'on est à la base, et se préoccuper subitement d'autrui. Si ce n'est pas dans votre nature, alors c'est contre nature et le naturel refait vite surface. Beaucoup ont tendance à donner une fausse idée de qui ils sont en entamant une relation, mais leur véritable tempérament a tôt fait de reprendre le dessus et c'est là que les problèmes commencent.

Dans la dualité fusionnel-solitaire, le fusionnel parle au « nous », alors que le solitaire parle au « je ». Le fusionnel ressent le besoin d'être constamment avec l'autre, tandis qu'il faut au solitaire du temps pour lui seul, d'où l'importance de bien se connaître l'un et l'autre. Si vous êtes un fusionnel et que votre conjoint exprime son besoin d'aller jouer au hockey ou de se rendre à son cours de yoga, vous ne saisissez pas pourquoi il ne veut pas passer tous ses moments libres avec vous. Et si vous êtes un solitaire, vous ne comprenez pas que l'autre n'ait pas ce besoin d'être un peu sans vous.

J'aime beaucoup la métaphore du feu, qui doit avoir de l'air pour brûler. Si on l'étouffe, il s'éteint. Vous comprendrez ici que, selon l'approche de Louise Sigouin, je suis une solitaire et qu'il me faut mes petits moments bien à moi pour me sentir bien dans mon couple. Il est important pour le fusionnel de développer une certaine autonomie afin de veiller au bon équilibre du couple.

Rappelons-nous ici que tout n'est jamais tout noir ou tout blanc, et ça peut être à la fois noir et blanc. Ce n'est pas parce que vous aimez avoir du temps à vous que vous ne voulez pas ou ne pouvez pas être en couple. Tout est dans la demi-mesure.

Passons à la dualité rationnel-émotif. Le rationnel a besoin de mots et d'explications pour comprendre et se faire comprendre, tandis que l'émotif a besoin d'émotions. L'émotif est un être de peu de mots, contrairement au rationnel qui parle beaucoup. L'émotif a aussi plus de difficulté à dire ce qu'il sent. Dans le couple qui est venu assister au groupe de discussion de Borderline Anonyme, dont je vous ai parlé au début de ce chapitre, le mari était manifestement un rationnel, et sa conjointe, une émotive, d'où leur difficulté à se comprendre avant d'en avoir pris conscience.

Dans la dualité actif-rêveur, l'actif a besoin d'accomplir chaque jour ce qui doit être fait pour que sa vie ait un sens. Il est donc dans le « faire », alors que le rêveur est rempli d'attentes inexprimées. Il a besoin, pour être comblé, d'entretenir sa passion. Il est plus dans le savoir-être que dans le savoir-faire.

Enfin, il y a la dualité vite-lent, où le vite est rapide et efficace, par opposition au lent, qui prend le temps de réfléchir et pour qui les mêmes tâches prennent beaucoup plus de temps. Le lent se sent facilement bousculé.

J'ai toujours cru que j'étais lente. Petite, je n'arrivais jamais à faire quoi que ce soit assez rapidement. Je mangeais lentement, faisais mon lit lentement, m'habillais lentement. J'étais lente en tout et je me sentais bousculée par mes parents, qui devaient me pousser pour ne pas être en retard à l'école ou au travail, par exemple.

En vieillissant, à force de me le faire reprocher, j'ai accéléré le pas pour me rendre compte à l'âge adulte que j'étais essoufflée d'avoir agi contre ma nature, et de m'être imposé un rythme beaucoup trop rapide pour moi. J'ai dû réapprendre à prendre mon temps pour manger ou marcher, en toute conscience. Bonnes ou mauvaises, nos programmations nous suivent, et il n'est pas toujours facile de nous en défaire.

Dans mon cas, petite, j'étais décidément lente, puis j'ai pris de la vitesse en raison de diverses circonstances. Je croyais avoir ralenti le rythme jusqu'à ce que je tombe sur mon conjoint, qui lui est plus lent que moi. Pour ne pas le bousculer, car je sais trop bien ce que c'est de se faire continuellement pousser dans le dos, je ralentis davantage mon rythme en sachant que c'est bon aussi pour moi. Bien consciente de nos différences, plutôt que de taper du pied à côté de lui, par exemple, lorsqu'il lave la vaisselle, ce qui lui prend une éternité, je la lave et il l'essuie alors à son rythme.

Comprendre et accepter nos différences aident à vivre en harmonie, puisqu'on en arrive alors à un juste milieu qui est acceptable et confortable pour les deux.

Dans le chapitre qui suit, nous allons examiner les histoires que nous nous racontons sur nous-mêmes, notre passé et notre futur, de même que ce que nous croyons que les autres pensent de nous. Nous sommes nombreux à imaginer que nous lisons dans les pensées les uns et des autres, ou que notre imagination est comme une boule de cristal. N'oubliez surtout pas que la perception de l'autre ne reste toujours que la perception de l'autre.

CHAPITRE 17

Raconte-moi des histoires

Les relations humaines sont vraiment fascinantes. Je vois à l'occasion des gens qui se racontent des histoires. Je me reprends, nous passons tous notre vie à nous raconter des histoires. Mais ce qui me fascine le plus, c'est de voir que certains aiment qu'on leur raconte des histoires et qu'ils se racontent ensuite qu'ils y croient.

Ici, nous allons voir ensemble les histoires que nous nous racontons sur nos relations.

Personne n'est mieux placé que vous pour savoir ce dont vous avez besoin ou non. Certains me disent parfois que leur conjoint, leur mère ou leur meilleur ami les connaissent mieux qu'ils ne se connaissent eux-mêmes.

Est-ce vraiment possible?

Comment quelqu'un peut-il vous connaître mieux que vous ne vous connaissez vous-même, alors que vous êtes l'architecte de votre vie?

C'est ici que l'image du caméléon prend tout son sens. Quand vous ignorez à ce point qui vous êtes, vous vous identifiez à ce que les autres disent de vous. Je me trompe?

Si vos enfants vous répètent que vous êtes trop sévère par comparaison aux parents de leurs amis, vous allez possiblement vous remettre en question au point que, si l'on vous demandait quel genre de parent vous êtes, vous diriez que vous êtes sévère même si, pour vous qui avez connu la méthode militaire de la génération de vos parents, vous avez longtemps pensé que vous étiez très permissif. Tout est question de perception et d'évolution, d'une génération à l'autre et d'une personne à l'autre.

Il arrive que de parfaits inconnus nous fassent faire de grandes prises de conscience. Je vous raconte. Le 31 octobre 2008, j'ai eu un grave accident de voiture et j'ai dû réapprendre à marcher. Après deux ans d'efforts de ma part, les spécialistes m'ont dit que c'était de l'acharnement et que je devais lâcher prise. J'avais le choix : Croire leurs histoires, car c'était après tout des spécialistes, ou croire en moi et en mes capacités.

Même si je ne connaissais rien à la médecine, j'étais persuadée que tout n'était pas mort dans ma jambe. J'ai décidé de suivre mon intuition et de faire mes propres recherches et exercices. J'ai trouvé un spécialiste qui m'a soignée à l'aide d'une méthode non conventionnelle et d'une table inversée.

J'ai été suspendue par les pieds, ce qui m'a occasionné de grandes souffrances, mais six mois plus tard je marchais de nouveau. La souffrance et la foi en moi en ont valu la peine. En 2015, j'ai fait trois semi-marathons en sept semaines à Montréal, Long Island et Las Vegas pour faire un pied de nez aux fausses croyances et me féliciter de mon courage.

Si j'avais écouté les histoires des premiers spécialistes, je marcherais toujours avec une canne, qu'ils me suggéraient de voir comme un accessoire de mode et dont je devrais me servir jusqu'à la fin de mes jours. J'avais alors 39 ans et la vie devant moi.

Il arrive toutefois qu'il soit parfois bon d'écouter les histoires des autres par rapport à vous. En 2015, je courais bien sûr quotidiennement, souvent le long d'une route rurale. Un jour, un policier a arrêté sa voiture de patrouille sur l'accotement et a baissé sa fenêtre pour me dire qu'il me voyait souvent courir le long de cette route. J'ai tout de suite pensé qu'il allait m'interdire de courir à cet endroit, et pourtant non. Il m'a plutôt dit qu'il admirait mon courage de courir ainsi en plein hiver, au froid, beau temps mauvais temps.

J'ai été vraiment surprise. Le commentaire était flatteur, d'autant plus qu'il venait d'un jeune et beau policier. J'ai toutefois pensé que je n'avais aucun mérite et qu'il y avait des tas de gens qui couraient beaucoup plus vite que moi et sur une plus longue distance. Je n'avais pas une très bonne estime de moi à l'époque et je ne voyais donc pas ce que même des inconnus percevaient de moi. Je me suis dit que si ce policier me connaissait, il ne me décrirait jamais comme une personne courageuse.

Quelques jours plus tard, j'ai croisé comme d'habitude la brigadière scolaire, que je salue chaque matin, et voilà qu'elle me dit à son tour qu'elle me trouvait bien courageuse de courir ainsi tous les matins, beau temps mauvais temps. Je l'ai remerciée, et j'ai poursuivi mon chemin, mais cette fois, comme le cerveau est malléable et que je recevais le même compliment en quelques jours, je me suis mise à penser à toutes les fois où j'avais été courageuse plutôt que de me rappeler les fois où j'avais manqué de courage.

Ce jour-là, après ma course, j'ai commencé à croire que j'étais peut-être courageuse. Quand ma fille adolescente est rentrée de l'école dans l'après-midi, je lui ai demandé quel mot me décrivait le mieux à ses yeux. Ma relation avec ma fille n'étant pas toujours facile, je m'attendais à ce qu'elle me dise quelque chose de négatif, d'autant plus que j'avais moi-même quantité de qualificatifs négatifs à mon égard. Eh bien non, ma fille m'a dit que le mot qui me représentait le mieux était le courage. À partir de ce moment, la perception que j'avais de moi a changé. Je me suis remémoré toutes les fois où je m'étais effectivement montrée courageuse et j'ai décidé de croire leurs histoires plutôt que les miennes.

CLÉ 35 : Créer chaque jour votre propre histoire

Vous avez le droit de croire ce que vous voulez et d'ignorer ce qui ne vous convient pas. Pourquoi, bien souvent, choisir de ressasser des histoires négatives à votre sujet au détriment de tout ce que vous avez fait de bon et de bien?

Dressez la liste de vos réussites et vous serez surpris de voir que vous avez accompli beaucoup plus de choses que vous ne le croyez. Vous avez également beaucoup plus de qualités que de défauts, alors pourquoi ne pas toujours choisir la meilleure version de votre personnalité, de vos histoires et de votre vie, puisque vous en êtes le créateur?

CLÉ 36 : Toujours choisir la meilleure version

Pour déjouer votre cerveau et mettre fin à vos vieilles programmations, je vous invite à faire ou à dire le contraire de ce qui vous vient automatiquement à l'esprit.

Supposons qu'on vous invite à sortir et que votre premier réflexe est de dire non, comme vous avez l'habitude de le faire pour que les gens insistent. Dites simplement le contraire de ce que vous êtes programmé à faire, en sachant que c'est ce dont vous avez envie.

Vous êtes bien avec votre conjoint ou conjointe. Rien ne cloche entre vous, mais une impulsion monte en vous de remettre en question votre relation, comme ça, une bulle qui vous passe au cerveau. Au moment où vous doutez ainsi sans raison, dites simplement à votre conjoint que vous l'aimez et c'est ce que votre cerveau adoptera. Déjouez votre cerveau en créant l'histoire telle que vous la désirez dans le but de contribuer à votre bonheur.

Il vous arrive de vous lever de mauvaise humeur le matin? Souriez-vous dans le miroir. Votre cerveau enregistrera que vous êtes heureux, et votre énergie changera automatiquement. Ça fonctionne toujours, à condition de le faire. Moins ça va bien, plus vous devez sourire.

Dans le chapitre suivant, nous verrons ensemble l'effet miroir, et la raison pour laquelle nous sommes intuitivement attirés par certaines personnes, alors que d'autres nous rebutent, sans que nous les connaissions.

CHAPITRE 18

Miroir, miroir, dis-moi qui a raison

Ce que vous vous apprêtez à lire est vraiment important. Qu'est-ce qui compte le plus pour vous : avoir raison ou entretenir des relations stimulantes? Attention, je ne vous dis pas ici de ne pas partager votre point de vue ou de fondre votre identité dans celle de l'autre.

Je vous conseille tout simplement de prendre garde à cette habitude de vouloir avoir raison à tout prix et d'avoir le dernier mot en tout pour vous permettre bien souvent de vous sentir supérieur à l'autre et de vous donner une fausse confiance.

CLÉ 37 : L'effet miroir

Peut-être avez-vous entendu parler de l'effet miroir. J'aime ce concept qui sert beaucoup en croissance personnelle, et qui provient de la théorie analytique.

C'est le psychanalyste Jacques Lacan qui, en 1937, a introduit le stade du miroir dans la théorie analytique. Mais d'autres psychologues avant lui avaient noté l'importance du miroir dans la construction psychologique de l'enfant, notamment Henri Wallon, chef de file de la psychologie développementale française. Celui-ci avait perçu que l'enfant intègre le miroir dans ses jeux et que son comportement vis-à-vis de son image reflétée évolue au cours de son développement.

Mais chez Jacques Lacan et pour la psychanalyse en général, la spécificité du stade du miroir tient en ce qu'il est un moment détaché du jeu. Il relève bien plus d'un événement imaginaire qui fait effraction dans la vie psychique de l'enfant, la modifiant et la structurant définitivement.

On dit que la beauté est dans les yeux de celui qui regarde. On peut affirmer sans se tromper que la laideur est aussi dans les yeux de celui qui regarde.

Le psychanalyste suisse Carl Gustav Jung disait de l'effet miroir que « tout ce que nous voyons chez les autres n'est que le reflet de nous-mêmes ». En d'autres termes, ce que l'on perçoit chez les gens, et les émotions et sentiments que cette perception éveille en nous, n'est ni plus ni moins que le reflet de ce que l'on porte en nous, telles nos blessures d'âme, notre mémoire du passé et nos croyances limitatives. Voilà pourquoi nous réagissons d'une manière et non d'une autre face aux gens. C'est également pourquoi des tonnes d'émotions et de sentiments différents surgissent en chaque personne, comme la joie, la colère, la tristesse, l'envie, la jalousie, la culpabilité, l'impuissance, face aux gestes, aux paroles ou aux opinions d'autrui.

Un bel exemple pour illustrer ce propos est notre conjoint ou nos amis. La raison pour laquelle nous les apprécions, c'est que ces personnes partagent des valeurs et des qualités que nous possédons, que nous sommes en mesure de reconnaître en nous ou auxquelles nous aspirons, mais parfois qu'il nous est difficile d'exprimer, parce que nous ne voulons pas y croire ou que nous n'osons tout simplement pas les assumer.

Il en va de même, lorsque les paroles ou le comportement d'un patron, d'un collègue, d'un ami, de notre amoureux, de nos parents, de nos enfants ou même d'un client viennent nous chercher, parce qu'ils nous irritent au plus haut point. Ce qui nous fait réagir est aussi un aspect de nous, mais qui nous est insupportable. Nous ne pouvons le tolérer chez l'autre, car cela nous renvoie à un aspect de nous que nous ne voulons pas voir ou accepter.

C'est le cas notamment lorsque l'on dénigre allègrement et sans retenue le succès d'un collègue auprès d'un bon ami. Voir réussir quelqu'un là où nous aimerions nous-mêmes connaître le succès nous ramène à notre insatisfaction de la réalité du moment, qui n'est pas encore telle que nous la souhaitons, et au jugement que nous portons sur nous-mêmes face à notre lenteur ou à notre incapacité à réussir « comme les autres » ou « aussi bien que les autres ».

Cette même logique, qui repose sur le déni ou le refus de la réalité, s'applique aussi bien aux événements et aux diverses situations que nous vivons, que ce soit sur le plan professionnel ou personnel. C'est ce qui se produit quand nous faisons abstraction de notre propre responsabilité et jetons la faute sur tout et sur rien, tout en évitant de voir que ces inconforts nous parlent avant tout de conflits intérieurs non réglés.

Quel message dégager de l'effet miroir?

Maintenant que nous comprenons que la perception que nous avons de nous, des autres, des événements et des situations n'est que le reflet de nos blessures d'âme, de souvenirs du passé et de nos croyances limitatives, quel message pouvons-nous en dégager?

En fait, le message qu'il importe de comprendre de l'effet miroir est que *tout part de soi,* la beauté comme la laideur, la facilité comme les difficultés, la richesse comme la pauvreté, la joie comme la peine, les relations harmonieuses comme les toxiques, une vie satisfaisante comme une existence monotone. Qu'on le veuille ou non, tout, tout, tout, absolument TOUT, PART DE SOI! Ainsi, au moyen de nos vibrations, de nos actions et réactions, nos pensées et émotions, nous créons littéralement notre réalité.

Par conséquent, la seule et unique façon d'exercer un pouvoir sur les obstacles qui se dressent devant nous, en vue de vivre enfin la vie à laquelle nous aspirons, est d'accepter de changer notre regard.

Mais comment y parvenir?

De prime abord, changer de regard peut sembler facile, mais c'est justement là que se situe le défi pour chacun d'entre nous. Afin de transformer notre façon de voir le monde, nous devons d'abord modifier la manière dont nous nous percevons, et ce changement doit nécessairement s'opérer en nous. En acceptant de voir d'un autre œil le film de notre vie, nous arrivons à faire la paix avec nos blessures d'âme, à évacuer nos souvenirs du passé et à changer les croyances qui nous limitent et qui nous dictent, consciemment et inconsciemment, nos réactions.

Partir ainsi en expédition à l'intérieur de vous vous amènera, par la même occasion, à faire des découvertes extraordinaires à votre sujet et à vous connaître d'une tout autre manière, en laissant émerger vos couleurs et votre essence dans leur forme la plus pure.

Ultimement, vous apprendrez à reconnaître toute la beauté de cette essence, non pas dans sa perfection, mais plutôt dans son unicité, en accueillant, en acceptant et en aimant, d'un amour inconditionnel, autant vos zones d'ombre que celles de lumière.

En somme, en changeant de regard, vous pouvez tirer une interprétation différente de ce que vous vivez et, ultimement, vibrer et agir différemment en vue de vous attirer les personnes, événements et situations que vous souhaitez accueillir dans votre vie et ainsi évoluer vers une existence riche, satisfaisante, vibrante, épanouissante et surtout remplie de sens!

Pour avancer d'un pas en ce sens, je vous invite à commencer par vous observer régulièrement, car c'est de cette façon que vous constaterez petit à petit l'ampleur et l'impact de l'effet miroir sur votre vie.

Dans les groupes de discussion que j'anime, je me suis longtemps sentie agressée quand un participant coupait la parole à un autre et j'ai fini par me demander pourquoi ce comportement m'agace tant. Eh bien, c'est que moi aussi j'ai cette fâcheuse habitude, que je cherche à corriger. J'ai alors cherché à comprendre pourquoi il m'arrivait de couper la parole à d'autres. Pourquoi moi, Johanne Lavoie, est-ce que je fais ça? Bien souvent, parce que j'ai peur de ne pas être entendue, puisque j'ai longtemps été très timide et que j'ai donc marmonné au point que les gens ne m'entendaient pas, puisqu'ils parlaient plus fort que moi.

Maintenant, quand un participant coupe la parole à un autre, je lui dis que nous allons laisser l'autre terminer ce qu'il a à exprimer, puis revenir à lui tout de suite après, plutôt que de permettre à la colère de monter en moi. À présent, il y a beaucoup plus de compréhension et de bienveillance dans mes groupes.

L'effet miroir est vraiment exceptionnel tant pour corriger ces fragilités et défauts qui résonnent souvent si fort en nous, et aussi pour voir tout le beau et le bon en nous. Quand vous percevez la force, la détermination et le courage chez l'autre, c'est que vous portez ces qualités en vous.

CLÉ 38 : Défi : cinq compliments par jour pendant 21 jours

Je vous invite à avoir désormais la louange facile, puisque chaque fois que vous complimentez l'autre, vous reconnaissez aussi en vous ce beau côté. Plus vous ferez de compliments et plus votre confiance et votre estime grandiront.

Je vous lance l'invitation de faire au moins cinq compliments par jour, pendant vingt et un jours, par téléphone, texto, courriel ou en personne. Observez ce qu'il y a de bien chez les autres et dites-le-leur. En même temps, ressentez tout le bien-être de recevoir ces louanges en même temps pour vous.

Dans le chapitre qui suit, nous verrons en quoi la communication reste encore et toujours le meilleur outil qui soit.

CHAPITRE 19

À vouloir m'aider, tu me fais l'effet contraire

Examinons ensemble comment la communication permet de limiter les fausses perceptions et les supposés dons de voyance : Je sais bien mieux que vous ce qui est bon pour vous. Ou vous connaissez mieux que moi ce qui est bon pour moi. L'autre est conscient de ce que je pense, et je m'attends donc à ce qu'il me comprenne sans qu'il soit nécessaire que je lui dise quoi que ce soit.

Je vois beaucoup de gens remplis de bonnes intentions, mais aussi de mauvaises techniques ou de connaissances limitées, qui finissent par obtenir l'effet contraire à celui qu'ils souhaitent.

J'ai reçu dans mon cabinet une jeune fille qui avait une relation conflictuelle avec sa mère. Chaque fois, cette dernière la conduisait à mon bureau, puis elle prenait quelques minutes après la séance pour me dire combien c'était difficile pour elle du fait que sa fille était comme ceci et comme cela, alors que son autre fille était parfaite et qu'elle les avait pourtant élevées toutes les deux de la même façon. Elle en parlait comme de son ange et de son démon, tout cela devant la jeune fille. La mère me répétait aussi qu'elle s'investissait corps et âme dans le bien-être de son enfant en lui payant ses rencontres avec moi et en la conduisant et reconduisant chaque fois malgré un horaire du temps chargé.

Je ne doutais aucunement de la bonne volonté de cette maman qui semblait étourdie entre son rôle de mère et celui de femme au travail, occupée à voir à ce que ses filles ne manquent de rien. Il arrive toutefois que des paroles et des comportements bien inconscients viennent nuire plutôt que d'aider.

La jeune fille me consultait parce qu'elle avait fait plusieurs tentatives de suicide et que son désir de vivre était très faible. Elle avait aussi l'impression d'être un fardeau pour sa mère. Nous avions convenu elle et moi, que la prochaine fois que le désir de mourir monterait en elle, elle ferait la chose qui lui faisait le plus de bien, le temps que son impulsion perde de sa force. Ce qui lui apportait le plus de bienfaits était de jouer du piano, qui avait sur elle un effet libérateur.

La plupart du temps, la jeune fille se présentait à nos rencontres avec un minimum d'énergie après avoir fait la route avec sa mère, qui en profitait pour lui rappeler tout ce qu'elle accomplissait pour elle. À la fin de nos entretiens, elle retrouvait cependant son énergie et elle désirait plus que tout bien aller.

Mais dès que sa mère entrait dans mon bureau, la jeune fille se mettait à pleurer ou en colère, et le travail que nous venions de faire pour accroître son désir de vivre et d'être heureuse perdait de sa force. La mère souhaitait sincèrement que sa fille aille mieux, mais elle était épuisée et manquait d'outils pour avoir elle-même un bon équilibre dans le tourbillon de sa vie. Elle n'était nullement consciente de l'effet de ses paroles sur son enfant.

Un jour, la jeune fille m'arrive vraiment mal en point après un séjour à l'hôpital. Quand je lui ai demandé pourquoi elle n'avait pas, comme convenu, joué du piano en attendant que disparaisse son désir de mourir, elle m'a expliqué que sa mère lui avait interdit le piano pour la punir d'avoir été impolie avec elle.

Ce jour-là, quand sa mère est entrée dans mon bureau pour me dire que sa fille avait encore une fois cherché à la manipuler en tentant à nouveau de s'enlever la vie, je lui ai expliqué que sa fille n'avait jamais pensé à la manipuler et que nous avions convenu que le piano était l'échappatoire à ses tentatives de suicide. Je lui ai dit que son intention d'aider sa fille était très noble et que je comprenais aussi qu'elle veuille être respectée, mais qu'en la privant de la seule chose qui lui était réconfortante, en se disant que sa fille y réfléchirait par deux fois avant de se montrer impolie la prochaine fois, elle avait plutôt eu l'effet contraire.

Le monstre du mal-être exerçait une telle pression sur cette jeune fille qu'elle sentait un besoin viscéral de le faire sortir et comme la clé pour l'expulser était le piano que sa mère lui interdisait de jouer, la douleur lui était devenue insupportable. Tout ce qu'elle souhaitait, c'était d'arrêter de souffrir et le seul autre moyen qu'elle connaissait, à part la musique, était de mourir. Elle croyait sincèrement que la mort mettrait fin à sa souffrance, en plus de libérer sa mère du fardeau qu'elle croyait être pour elle.

Cette perception qu'ont les gens que leurs proches cherchent à les manipuler n'a rien à voir avec la réalité. Leur douleur morale est tellement grande qu'il ne leur vient même pas à l'idée de faire souffrir les autres. Tout ce qu'ils veulent, c'est que le supplice cesse, d'où l'importance d'avoir des clés à portée de main pour y avoir accès en tout temps.

Supposons un instant qu'un enfant et son père se baignent dans la mer lorsqu'une méduse se colle à la jambe de l'enfant. La brûlure qu'il ressent alors est instantanée et très forte. La souffrance est insupportable, comme si sa peau était en feu.

En détresse, l'enfant réussit à enlever la méduse et à la lancer aveuglément loin de lui, si bien qu'elle se retrouve agrippée au dos de son père.

Peut-on penser un seul instant que l'enfant tente ainsi de manipuler son père et que sa douleur n'est pas réelle? Bien sûr que non, la brûlure est bien visible, sa souffrance est évidente. Peut-on l'accuser d'avoir volontairement blessé son père? Encore une fois, non, puisque c'est un pur accident.

Voilà pourquoi il importe tant de parler et de vérifier auprès de l'autre ce qui se passe réellement afin d'éviter les sous-entendus et malentendus. Souvent, les proches croient savoir mieux que la personne souffrante ce qui est bon ou non pour elle. C'est parfois vrai, mais pas toujours. Ne leur prêtez surtout pas de mauvaises intentions. Les gens ne se lèvent pas le matin en se demandant ce qu'ils pourraient bien faire pour vous blesser.

CLÉ 39: Dis-moi ce qui t'aide réellement

Le meilleur moyen de savoir ce qui est bon pour l'autre afin de lui être d'un réel soutien est d'en discuter quand ça va bien. Pas pendant une crise, car, comme nous l'avons vu plus tôt, nous ne sommes alors qu'un puits sans fond d'émotions tourbillonnantes que rien ne peut apaiser dans l'immédiat.

Quand vous vous sentez bien, prenez le temps de dire à l'autre : « Je sais que tu m'aimes beaucoup et que tu veux m'aider. Comme tu n'es pas spécialiste dans le domaine, voyons ensemble ce qui m'aide ou pas. Quand tu me dis ceci, ça me calme et m'apaise. En revanche, quand tu me dis cela, ça me fait l'effet contraire. » Vous êtes la personne la mieux placée pour savoir ce qui fonctionne ou non pour vous.

Demandez-vous aussi ce qui alimente votre tristesse, votre colère ou votre mal-être. À partir du moment où vous allez vous comprendre vous-même, vous serez mieux en mesure de le communiquer clairement et calmement à l'autre, de façon qu'il vous écoute tout simplement, plutôt que d'être sur la défensive et qu'il cherche à justifier la raison pour laquelle il croit vous aider, sans savoir ce dont vous avez réellement besoin.

Lorsque ma fille était adolescente, je cherchais tant à l'aider que je l'inondais de conseils de toutes sortes, ce qui la mettait en colère. Tout ce dont elle avait besoin, c'était d'une bonne écoute et non de mes conseils ou de mon coaching.

Nous l'avons vu plus tôt, si l'autre veut sortir se calmer et que vous le retenez de peur qu'il se fasse du mal, vous le faites pour lui rendre service, et c'est peut-être vrai, mais ce geste peut avoir pour effet d'accroître sa colère et qu'il se sente persécuté.

Je le répète, il est important de bien communiquer quand ça va bien. Certains ont besoin qu'on les serre dans nos bras pour les calmer et les sécuriser, mais d'autres peuvent alors se sentir pris au piège. Parlez-en. Vous pouvez avoir les meilleures intentions du monde et avoir l'effet contraire sans le savoir.

Je vous suggère de convenir d'un code entre vous afin d'indiquer clairement ce qui se passe en vous quand les mots vous manquent. Un mot comme « stop » ou un code de couleur font parfaitement l'affaire. Songez par exemple aux feux de circulation. Vert : Tout va bien, vous êtes réceptif. Jaune : Selon ce qui sera dit ou fait dans les secondes qui suivent, il y a autant de chances que vous explosiez et passiez au rouge qu'il y en a que vous retrouviez votre sérénité. Rouge : Il est déjà trop tard.

C'est une bonne technique à adopter avec le conjoint et les enfants, en leur expliquant clairement ce que chaque couleur signifie. Et n'oubliez pas que ce code de couleur doit fonctionner pour tous. Quand tout va bien pour vous, assurez-vous de vérifier auprès de l'autre si le moment est bien choisi pour lui parler de choses sérieuses. Ce n'est pas parce que vous vous sentez prêt à régler certains points maintenant que l'autre l'est aussi. Vérifiez sa réceptivité : « Où en sommes-nous en ce moment? Moi, c'est vert. Et toi? »

Si vous êtes plus jaune, qu'est-ce qui est le mieux pour vous à ce moment pour retourner au vert? Revoyez les clés précédentes et sortez faire une promenade ou prenez un bain, passez-vous de l'eau dans le visage, changez de pièce, visualisez un endroit paisible.

N'attendez pas qu'il soit trop tard et que vous partiez en claquant la porte sans dire un mot ou, pire encore, que vous vous mettiez à cogner sur tout ce qui bouge. C'est à vous d'expliquer, quand vous allez bien, que lorsque vous dites que c'est jaune, c'est que vous avez besoin de prendre du recul et que si l'autre vous oblige à rester pour discuter de ce qui ne va pas, vous risquez alors de sortir de vos gonds et d'être complètement fermé. Dites-lui qu'il ne s'agit pas de fuite de votre part, mais plutôt de prendre le temps de faire le point en vous pour pouvoir en reparler calmement plus tard.

Et quand vous voyez rouge, que devez-vous faire pour retourner au jaune, puis au vert? Il est important de comprendre vos comportements afin d'établir le meilleur plan d'action pour vous et de le partager avec l'autre.

Si, dans un moment de crise, l'autre croit que vous préférez être seul et qu'il vous laisse tranquille alors que, pour vous, le fait que l'autre vous délaisse à ce moment est un signe de rejet ou d'abandon, son geste aura donc l'effet contraire.

Prenez le temps, quand ça va bien, de voir ce qui vous aide et ce qui vous nuit l'un comme l'autre dans les moments difficiles. Écoutez et restez ouvert aux propos de l'autre. Ce n'est pas parce que vous n'avez pas le même mode de fonctionnement que l'un est meilleur que l'autre. Nous sommes tous différents et ce qui marche pour les uns ne fonctionne pas nécessairement pour tous.

Certains insistent pour régler la situation sur-le-champ afin d'éviter le piège de l'interprétation et de s'imaginer des scénarios plus ou moins réalistes. Ils veulent régler le problème et le mettre derrière eux le plus rapidement possible. D'autres ont besoin de temps pour faire le point, réfléchir et s'abstenir de dire ou de faire des choses qu'ils risquent de regretter par la suite. Chacun a raison dans sa façon d'être et de faire.

Et puisque chacun a sa façon d'être et de faire, il importe de voir ce qui est acceptable pour les deux. Celui qui doit absolument tout régler sur-le-champ pourrait-il écrire ce qui lui trotte dans la tête pour s'en libérer ou encore l'enregistrer, le temps que l'autre structure ses pensées pour bien formuler son idée de manière constructive plutôt que destructive?

En coaching de couple ou de famille, nous élaborons un plan d'action à l'image de chacun. À la base de ce plan, se trouve le mode de fonctionnement de chacun, suivi de façons de fonctionner ensemble qui soient acceptables pour tous.

Examinons maintenant les différentes distorsions cognitives qui nous gardent dans un monde parallèle qui nous joue des tours.

CHAPITRE 20

Les distorsions cognitives : comment s'en sortir

Regardons maintenant les différentes distorsions cognitives et cherchons à les comprendre au moyen d'exemples afin de nous reconnaître dans certains modes de fonctionnement récurrents. À la fin de ce chapitre, vous serez en mesure de saisir quelles distorsions font partie de vos habitudes de vie et de les confronter à l'aide du plan d'action du chapitre 24.

Le psychiatre Aaron Beck a posé les bases de l'étude des distorsions et son élève David Burns a poursuivi ses recherches sur le sujet. Les distorsions cognitives sont des pensées qui amènent les gens à percevoir la réalité de manière inexacte. Selon le modèle cognitif de Beck, une vision négative du monde concret, parfois appelée schéma négatif (ou schéma), joue un rôle dans les symptômes du dysfonctionnement émotionnel et dans une baisse du bien-être subjectif. Plus précisément, les schémas négatifs renforcent les émotions et les pensées négatives. Dans des circonstances difficiles, ces pensées déformées peuvent contribuer à une vision globale nuisible du monde et à un état mental dépressif ou anxieux.[16]

---

[16] https://fr.wikipedia.org/wiki/Distorsion_cognitive

CLÉ 40 : Reconnaître vos distorsions cognitives

La pensée dichotomique

Dans ce genre de pensée, il n'y a pas de milieu, pas de nuances. Tout est en dualité. C'est tout bon ou tout mauvais, noir ou blanc, tout ou rien. Vous êtes heureux ou triste, ce que vous faites est bien ou mal, vous aimez ou vous détestez. Vous vous évaluez vous-même, ainsi que les événements de la vie, en termes extrêmes. Ce fractionnement implique l'utilisation de mots comme « toujours », « tous » ou « jamais » lorsqu'ils sont faux et trompeurs.

Exemple 1 : Vous vous levez le matin rempli de confiance et prêt à accomplir de nouveaux projets. Vous vous donnez à fond sans compter vos heures, rien n'est à votre épreuve. Ou alors vous êtes dans un état végétatif et vous vous dites que vous ne valez rien et que vous ne finissez jamais ce que vous commencez.

Exemple 2 : Vous êtes vraiment très amoureux, et votre conjoint est la meilleure personne au monde. Il oublie votre anniversaire et passe, à vos yeux, de la meilleure à la pire personne au monde. Il n'y a pas de nuances.

CLÉ 40a : Élaborer trois scénarios possibles

Je vous invite ici à élaborer toujours trois scénarios possibles : Le meilleur, le pire et celui entre les deux, qui ne vous traverse pas nécessairement l'esprit, mais qui n'est ni génial ni atroce, mais plus nuancé. À force de le faire consciemment, vous en ferez une habitude qui vous sera d'une grande utilité. Mais au départ, vous devez prendre le temps de vous reprogrammer pour vous permettre de voir les autres couleurs possibles. Il n'y a pas que le noir ou le blanc, ça peut aussi être à la fois noir ET blanc, sans être gris et terne.

La généralisation excessive

Vous tirez une conclusion générale que vous basez sur un simple incident ou un seul indice. Si un événement négatif se produit une fois, vous avez la conviction qu'il se répétera à plusieurs reprises.

Vous faites des généralisations hâtives à partir de preuves insuffisantes. Vous tirez une conclusion très large à partir d'un seul incident ou d'un seul élément de preuve. Même si quelque chose de mauvais ne se produit qu'une seule fois, vous vous attendez à ce qu'il se répète sans cesse.

Exemple 1 : Lors de votre première relation amoureuse, l'autre vous a quitté. Vous êtes convaincu que l'on vous quittera toujours.

Exemple 2 : Vous n'avez pas été sélectionné pour un emploi et vous en concluez que vous ne trouverez plus jamais de travail.

CLÉ 40b : Prendre du recul

Je vous invite ici à prendre du recul afin de vérifier par écrit la validité de votre pensée en vous demandant :

- Quels sont les faits qui me prouvent que cette pensée est fondée?
- Ai-je connu une ou des expériences par le passé qui pourraient contredire cette pensée?

Le rejet du positif

Vous ne retenez que les aspects négatifs d'une situation, et votre esprit filtre tout ce qui pourrait être positif ou neutre. Ce mode de pensée vous amène donc à considérer toutes les situations de façon négative.

Exemple 1 : Vous excluez les événements positifs, comme le fait d'obtenir une note élevée à un examen, car elle n'est pas parfaite.

Exemple 2 : Vous avez passé un beau moment en famille à faire de la randonnée, mais le ciel était couvert. Vous avez mangé un bon repas, mais le service était lent.

Exemple 3 : Vous avez fait un beau voyage, mais l'avion était inconfortable.

Il y a toujours un « mais » qui vient dénaturer le positif.

CLÉ 40c : L'effet sandwich

Je vous invite ici à vous servir de l'effet sandwich pour en arriver à voir deux fois plus de positif que de négatif. Quand vous ne mettez l'accent que sur le négatif, prenez le temps de trouver deux éléments positifs à la situation. Et plutôt que d'employer le mot « mais », qui fait abstraction du positif, utilisez le mot « et », qui relie vos pensées.

L'abstraction sélective

Vous isolez une déclaration ou un événement hors de son contexte et ne l'interprétez pas bien.

Exemple 1 : Votre patron vous fait venir dans son bureau et vous dit d'abord qu'il apprécie votre professionnalisme et le fait que vous respectiez les délais. Il vous demande ensuite de faire attention, car vos rapports contiennent parfois des fautes. Tout ce que vous retenez, c'est que votre patron vous trouve nul et que votre grammaire est pourrie.

Exemple 2 : Vous passez un agréable moment en compagnie de vos amis. Sur le chemin du retour, un policier vous colle une amende pour excès de vitesse. Une fois chez vous, vous dites à votre conjoint que vous avez eu une journée de merde.

CLÉ 40d : Écrire ce pour quoi vous êtes reconnaissant

Je vous invite ici à prendre l'habitude d'écrire chaque jour les choses pour lesquelles vous êtes reconnaissant. Cela vous obligera à voir du bon, plutôt que de mettre l'accent uniquement sur ce qui n'a pas été. Bien souvent, un mauvais moment ne dure que quelques minutes, mais vous choisissez de jeter aux oubliettes tous les autres moments de votre journée qui se sont parfaitement bien déroulés.

La conclusion hâtive

Vous parvenez à des conclusions préliminaires, généralement négatives, avec peu de preuves, voire aucune. Deux sous-types sont identifiés.

La lecture de la pensée d'autrui : Vous faites des hypothèses sur les pensées d'une autre personne, mais vous ne les vérifiez pas auprès d'elle, puis vous réagissez à ces hypothèses.

Exemple 1 : Vous aimeriez avoir une augmentation de salaire, mais vous êtes convaincu que votre patron ne vous l'accordera pas et vous ne la lui demandez donc même pas. Ensuite, vous êtes en colère contre lui, comme s'il vous l'avait réellement refusée.

Exemple 2 : Vous aimeriez faire une sortie avec votre amoureux, mais vous êtes convaincue qu'il ne voudra pas. Vous ne lui en parlez donc même pas et boudez dans votre coin. Et l'autre ne comprend pas votre mauvaise attitude.

La prédiction : Vous imaginez que quelque chose de mauvais va se produire et vous réagissez comme si c'est déjà le cas. De plus, cela devient souvent une prophétie autoréalisée.

Cette distorsion est plutôt amusante quand on en prend conscience. Il m'arrive de demander à ceux de mes clients qui font ce genre de prédiction s'ils ont des dons de voyance. Et eux de me répondre, surpris, qu'il n'en est rien. Je leur demande alors comment ils peuvent savoir ce qui se passe dans la tête des gens.

Exemple 1 : Vous voyez sur un réseau social qu'une de vos amies organise une activité. Comme elle ne vous en a pas parlé, vous vous dites que c'est qu'elle ne veut pas de vous. Vous êtes triste ou en colère. Puis votre amie vous appelle pour vous dire qu'elle a été débordée avec son nouveau projet, qu'elle n'y arrivera pas sans vous et qu'elle espère votre présence à ses côtés.

Exemple 2 : Vous avez si peur que quelque chose de grave survienne à vos enfants que vous les surprotégez. Lorsqu'ils se mettent à voler de leurs propres ailes, aucune des situations épouvantables que vous aviez imaginées ne se produit.

CLÉ 40e : Questionnez-vous

Lorsque vous vous égarez dans toutes sortes de prédictions, prenez le temps de vous demander combien de fois vous avez eu raison dans le passé. Combien de fois vos « prédictions » se sont-elles réalisées?

Surtout, soyez honnête. Vous est-il arrivé de manipuler les circonstances pour faire en sorte que le pire se produise et vous donne raison?

L'explication biaisée

Vous donnez une explication défavorable aux faits et gestes d'autrui. Vous vous faites votre propre opinion sans avoir suffisamment d'information.

Exemple 1 : Votre enfant ne vous offre pas de cadeau pour votre anniversaire. Vous le trouvez méchant et croyez que vous l'avez mal élevé et que vous n'êtes pas un bon parent. Il est peut-être tout simplement radin, ce qui n'a rien à voir avec le fait que vous soyez ou non un bon parent.

Exemple 2 : Vous organisez un souper, et il y a moins d'invités que prévu. Vous pensez alors que c'est parce que vous n'en valez pas la peine et que vous n'êtes pas aimable plutôt que de prendre en compte que c'est le premier beau jour du printemps et que les gens ont peut-être préféré passer du temps à l'extérieur, ce qui n'a aucun rapport avec le fait que vous êtes sympathique ou non.

CLÉ 40f : Y a-t-il d'autres possibilités?

Prenez le temps d'examiner diverses possibilités. La température ou la générosité serait-elle en cause, ce qui n'aurait aucun rapport avec vous? Prenez toujours le temps de vous mettre dans la peau de l'autre et de voir comment sa pensée peut différer de la vôtre.

La dramatisation

Vous faites une tempête dans un verre d'eau en amplifiant les choses de façon démesurée. Vous donnez un poids proportionnellement plus important à une perception d'échec ou de faiblesse qu'à une perception de succès, de force ou d'opportunité, de sorte que le poids diffère de celui attribué par d'autres, comme de « faire d'une mouche un éléphant ». Chez les gens déprimés, les caractéristiques positives des autres sont souvent exagérées et leurs propres traits négatifs, sous-estimés.

Ici, la « catastrophisation » donne plus de poids au pire résultat, aussi improbable soit-il, ou nous fait considérer une situation comme insupportable ou impossible alors qu'elle est tout simplement inconfortable.

Beaucoup des gens qui me consultent pour la gestion des émotions usent de mots extrêmes pour expliquer des choses beaucoup moins dramatiques qu'ils ne les voient.

Exemple 1 : Je suis vraiment un monstre. J'ai abîmé mon conjoint de bêtises. Il va me quitter. Je suis la pire personne au monde.

Était-ce vraiment si intense ou lui avez-vous simplement exprimé votre désaccord, ce que vous n'avez pas l'habitude de faire, si bien que ça vous a paru extrême?

Exemple 2 : J'ai fait une erreur au travail. Je suis si bête. On va me congédier.

Êtes-vous vraiment bête parce que vous avez fait une erreur? N'arrive-t-il pas à tout le monde de se tromper?

CLÉ 40g : Comme au cinéma

Le simple fait de prendre du recul et de regarder la situation comme si vous étiez un spectateur au cinéma a souvent pour effet de vous aider à dédramatiser la situation et à revoir votre scénario catastrophe de façon plus réaliste. Peut-être avez-vous agi impulsivement à l'endroit de votre conjoint, mais de façon beaucoup mieux contrôlée que vous n'en avez l'impression. Peut-être aussi que cela ne vous arrive, après tout, que très rarement. La prochaine fois que le même genre de situation se présentera, imaginez que le film se termine tel que vous le souhaitez.

Et au travail? Tout le monde fait des erreurs. Vous n'êtes pas bête. Vous êtes humain, et peut-être aussi très exigeant envers vous, au point de ne pas vous donner le droit à l'erreur.

Prenez le temps de dédramatiser. Vous verrez plus loin dans le plan d'action comment confronter vos pensées.

La minimisation

Vous choisissez d'ignorer certaines informations importantes. Contrairement à celui qui dramatise, qui voit les choses plus grandes qu'elles ne le sont en réalité, vous les minimisez jusqu'à les voir plus petites qu'elles ne le sont.

Exemple 1 : Mon conjoint a levé la main sur moi, mais ça ne lui arrive presque jamais, et je l'avais poussé à bout.

Exemple 2 : Je n'ai pas de problème d'alcool. Je bois simplement quelques verres par jour pour me détendre.

CLÉ 40h : Vérité ou mensonge?

Ici, il est important de voir si vous vous dites la vérité ou s'il s'agit d'un mensonge. Je vous invite à vous lever en vous tenant bien droit et à vous concentrer sur vos pieds en veillant à ce qu'ils soient bien ancrés au sol. Prenez une grande respiration, puis demandez-vous si vous êtes en train de vous raconter des histoires. Si votre corps penche vers l'avant, c'est effectivement un bobard. S'il penche instinctivement vers l'arrière, vous vous dites la vérité.

Le raisonnement émotif

Vous avez tendance à présumer que vos émotions reflètent nécessairement la réalité des choses. Dans la distorsion du raisonnement émotif, vous supposez que les sentiments exposent la vraie nature des choses et vous vivez la réalité comme un reflet de pensées liées émotionnellement; vous croyez que quelque chose est vrai uniquement sur la base d'un sentiment.

Exemple 1 : Vous vous sentez stupide, donc vous êtes stupide.

Exemple 2 : Vous avez peur de l'avion, et vous en concluez que l'avion est un moyen de transport dangereux.

Exemple 3 : Vous vous sentez submergé à l'idée de nettoyer votre maison et en concluez qu'il est même désespéré de commencer à nettoyer.

CLÉ 40i : Je sens, donc je suis

Ce n'est pas parce que vous éprouvez un sentiment ou une émotion que c'est la réalité. Vous ne devez pas tenir pour acquis que vos émotions reposent sur toutes les connaissances. Au contraire, il est fortement déconseillé de prendre une décision sous le coup d'une émotion, puisque vous ne pensez pas alors rationnellement. Prenez le temps de voir quelle pensée sous-tend cette émotion et d'où elle vous vient afin de déterminer si elle a vraiment sa raison d'être aujourd'hui.

Les fausses obligations

Je vous encourage à transformer vos *je dois* et *je devrais* en *j'aimerais* ou *je souhaite.* C'est beaucoup plus léger. La majorité des gens n'aiment pas avoir des obligations, car elles les brime dans leur liberté. Lorsque vous vous répétez que vous devez ou devriez être ou faire telle chose, vous alourdissez automatiquement et bien inutilement votre quotidien. La tâche n'est même pas entamée que déjà vos épaules se voûtent.

Exemple : C'est vraiment le bordel chez moi et je dois faire le ménage. Ça va me demander un temps fou, et je ne sais pas par quel bout commencer, encore moins si je vais y arriver.

Je ne sais pas pour vous, mais quant à moi cette pensée me coupe le souffle et me vide de mon énergie.

CLÉ 40j : J'aimerais ou je désire

Pour la même tâche, je me dis qu'aujourd'hui *j'aimerais* faire le ménage dans la maison, car quand c'est propre et à l'ordre chez moi, mes idées sont plus claires et je respire mieux. Maintenant, comment le faire avec plaisir? Peut-être en mettant de la musique entraînante et en dansant?

Dès que vous vous apprêtez à dire *je dois* ou *je devrais,* changez immédiatement votre discours pour *j'aimerais* ou *je désire*.

Songez aussi à modifier votre façon de vous adresser aux autres. *Tu dois* ou *tu devrais* sont des mots puissants et exigeants, alors qu'une demande formulée à la première personne du singulier est beaucoup plus légère.

Exemple : « Tu devrais faire le ménage de ta chambre » devient « J'aimerais que tu fasses le ménage de ta chambre » et passe donc d'une obligation à un souhait.

L'étiquetage

Vous attribuez à une personne une étiquette et la traitez comme telle par la suite, comme si elle correspondait en tous points à votre description.

Cette forme de généralisation excessive relie les actions d'une personne à son caractère plutôt qu'à un attribut. Au lieu de supposer que son comportement est accidentel ou autrement extérieur à elle, on lui attribue une étiquette, basée sur le caractère inféré de cette personne. On peut également étiqueter des choses.

Exemple 1 : Vous apprenez qu'untel ne travaille pas et vous le considérez alors paresseux et le traitez ainsi.

Exemple 2 : Votre conjoint vous demande à l'occasion votre opinion sur certaines choses. Vous considérez qu'il manque de confiance et le traitez comme un enfant lors de vos discussions.

CLÉ 40k : Ne limitez pas les gens à une étiquette

Les gens ne se définissent pas par leurs actions. Ils sont beaucoup plus que ça.

Beaucoup de ceux qui me consultent se présentent à l'aide de leur diagnostic, en disant par exemple qu'ils sont borderline ou bipolaires. Mon premier réflexe est de leur dire qu'ils ne sont pas une étiquette. Il ne s'agit pas de nier un diagnostic, mais bien de reconnaître qu'il ne les représente qu'en partie. Vous êtes la somme de ce qui vous caractérise, un être unique et exceptionnel, et il n'y a que vous qui soyez comme vous. Malgré cela, il arrive trop souvent que nous cherchions à nous fondre dans le moule de la normalité et à cataloguer tout et tous.

Pourtant il n'y a pas à apposer de diagnostic, de qualificatif ou d'étiquette, puisque vous êtes vous, tout simplement vous, tout comme les autres sont la somme de leurs qualités et de leurs défauts, de leurs forces et de leurs faiblesses, de leur tempérament et de leurs traits de caractère.

La personnalisation

Vous avez tendance à vous attribuer la responsabilité d'un événement, d'une situation sur lesquels vous n'avez aucun contrôle, y compris l'éloge ou le blâme qui en résulte, même lorsqu'il n'y a aucun motif à le faire. Vous considérez à tort être responsable de ce que les autres font.

Beaucoup de gens assument la responsabilité des actes de leurs enfants ou de leur conjoint.

Exemple 1 : Votre fils adulte ne veut pas travailler et prendre ses responsabilités, et vous croyez à tort que c'est votre faute parce que vous l'avez trop couvé.

Exemple 2 : Votre conjoint a fait une colère, et vous croyez à tort que c'est votre faute, parce que vous n'avez pas marché sur des œufs alors qu'il était si fatigué. Vous auriez dû prendre moins de place et faire en sorte de ne pas le déranger.

CLÉ 40l : Chacun est responsable de ses faits et gestes

Comprendre pourquoi un adulte agit de la sorte est une chose, mais s'en tenir responsable n'aide en rien. Vous savez pourquoi? Parce qu'il n'y a pas de *pourquoi*. Il choisit simplement de le faire consciemment ou non. Il n'y a aucune raison, aucune justification; il choisit, c'est tout. Ce sont ses choix, et rien d'extérieur à vous ne vous appartient.

Nous avons parlé, plus tôt dans ce livre, de nous départir de tout ce qui ne nous appartient pas. Retournez à l'expéditeur les comportements des adultes qui ne vous regardent en rien et vous vous sentirez plus léger. Les gestes et les paroles des autres sont les leurs et ne relèvent pas de votre responsabilité.

Équité et justice

Selon vous, la vie devrait toujours être juste, et vous êtes en colère lorsqu'une injustice se produit. Et cet état émotionnel peut vous conduire à tenter de corriger la situation.

Exemple 1 : Vous voyez quelqu'un que vous ne connaissez pas être traité injustement. C'est plus fort que vous, vous devez intervenir, même si cela ne vous regarde pas et que ça peut vous occasionner des problèmes.

Exemple 2 : Votre enfant n'est pas choisi pour une activité, et vous trouvez cela injuste. Vous intervenez avec colère, occasionnant des soucis à votre enfant, qui est maintenant étiqueté à l'école à cause de votre colère.

Une femme me consultait pour la gestion de sa colère. Elle avait perdu la garde de ses enfants, en partie à cause de la mauvaise gestion de ses émotions, ce que je trouvais injuste, car j'étais persuadée que c'était une bonne maman qui avait simplement besoin de soutien. Et pour elle qui aimait ses enfants plus que tout, il fallait que justice soit faite, même si ses enfants devaient rester loin d'elle encore plus longtemps. La justice avant tout, pensait-elle.

CLÉ 40m : Quelles sont vos valeurs?

Cette distorsion m'amène à vous reparler de vos valeurs et à vous encourager à en prendre conscience pour vous demander si telle parole ou tel geste est en harmonie avec elles et s'inscrit positivement dans votre vie. Vos valeurs constituent votre fondation, d'où l'importance de les connaître et de vous en servir. Si la justice en fait partie et que, selon votre échelle, elle vient en priorité, avant votre famille, c'est bien. Ça nous permet de comprendre le comportement de ma cliente.

Personnellement, mes valeurs sont toujours bien en vue, dans mon cabinet comme à la maison. Chaque fois que j'ai une décision à prendre, je me demande si mon choix est en harmonie avec mes valeurs. S'il va à l'encontre de mes valeurs, c'est voué à l'échec.

Tout vous est dû

Vous croyez devoir être récompensé chaque fois que vous faites quelque chose de bien.

Exemple 1 : Vous travaillez vite et bien, et votre rendement est exemplaire. Vous devriez être récompensé par une promotion et une augmentation de salaire, même si vous gagnez déjà un bon salaire.

Exemple 2 : Vous prenez le temps d'écouter un ami qui en a besoin. Vous vous attendez à ce qu'il vous offre un souper ou un cadeau en retour, ou qu'il vous écoute à son tour quand vous en avez besoin.

Exemple 3 : Vous avez des choses à faire autour de la maison et vous vous attendez à ce que vos proches laissent tout tomber pour venir vous aider. C'est vous d'abord et ensuite le monde.

CLÉ 40n : Tout ne tourne pas autour de vous

Vous faites partie d'un tout qui est le monde dans lequel nous vivons tous. Chaque fois que vous croyez devoir être récompensé, récompensez-vous vous-même. Vous êtes la personne la plus importante de votre vie, et cela est vrai de chaque personne sur cette terre.

Si tout le monde assumait la responsabilité de son propre bonheur, nous serions tous heureux. Si vous remettez la responsabilité de votre bonheur aux autres, vous risquez fort d'être toujours dans l'attente, car les autres n'orientent pas leur regard, leur temps et leur énergie uniquement vers vous.

Quand vous êtes déçu de ne pas avoir été reconnu pour un geste que vous avez posé, tournez-vous vers vous et offrez-vous toute l'attention dont vous avez besoin. C'est votre responsabilité d'y voir, et celle de personne d'autre.

L'anticipation du pire

Vous vous attendez à un désastre, quelle que soit la situation.

Exemple 1 : Vous vivez dans la peur continuelle que votre fille, jeune et jolie, se fasse attaquer.

Exemple 2 : Vous avez une belle relation amoureuse et vous êtes convaincu que ça ne durera pas.

CLÉ 40o : Confronter vos pensées

Demandez-vous ce qui pourrait se produire de bien cette fois plutôt que d'anticiper le pire. Et si, dans cinq ans, vous réévaluiez la situation, la verriez-vous de la même façon?

Illusion de contrôle

Vous croyez que vous devriez toujours tout contrôler.

Exemple 1 : Une panne d'électricité survient et vous croyez que vous auriez dû le prévoir et garder le contrôle de la situation.

Exemple 2 : Vous allez en vacances dans le sud, et il pleut presque tout le temps. Vous croyez que vous auriez dû prévoir et choisir une autre date ou une autre destination.

CLÉ 40p : Lâchez prise immédiatement sur tout ce qui est hors de votre contrôle

Je sais, c'est plus facile à dire qu'à faire. Il reste que vous vous illusionnez si vous pensez que vous contrôlez quoi que ce soit d'autre que vous, d'autant plus qu'il vous arrive bien souvent de ne pas pouvoir vous contrôler. N'essayez donc pas de contrôler l'univers tout entier. Ça gruge beaucoup de votre énergie, et vous n'y arriverez jamais.

Lorsque vous sentez le besoin de tout contrôler autour de vous, revenez à la source, à l'intérieur de vous. Placez-vous au centre même de votre être et prenez conscience de votre univers intérieur. Contrôlez votre respiration, et sentez chacune des cellules de votre corps tout en écoutant le discours que vous tenez intérieurement par rapport à tout ce qui est extérieur à vous et sur lequel vous n'avez aucun contrôle.

Prenez chaque fois le temps de vous ramener à votre univers intérieur, qui est le seul sur lequel vous ayez un réel contrôle. Quand vous serez conscient de tout le contrôle que vous pouvez exercer sur vos pensées, votre corps et votre énergie, vous ne sentirez plus le besoin de contrôler autre chose que vous. Prenez consciemment contrôle de votre vie intérieure et maîtrisez votre vie sur tous les plans.

Le blâme

Vous rendez les autres responsables de votre douleur ou vous vous blâmez pour tous vos problèmes.

Contrairement à la distorsion cognitive de la personnalisation, que nous avons vue plus haut, la distorsion de blâme nous amène à tenir d'autres personnes responsables du préjudice que nous causons et surtout de la détresse émotionnelle que nous pouvons infliger intentionnellement ou par négligence.

Exemple 1 : J'ai crié après mon enfant, mais parce qu'il m'a poussé à bout. Pourtant, personne d'autre que vous ne peut contrôler le volume de votre voix.

Exemple 2 : J'ai la mauvaise habitude de dépenser tout mon argent. Ce n'est pas ma faute, car mes parents ne m'ont pas montré à gérer un budget.

Exemple 3 : Ce n'est pas ma faute, j'ai été élevé ainsi. En tant qu'adulte, c'est à vous de faire la distinction entre le bien et le mal, peu importe votre passé ou votre modèle familial.

Je pourrais vous faire toute une liste des blâmes que nous rejetons sur les autres.

CLÉ 40q : Vous êtes responsable de tout ce que vous dites et faites

Personne ne s'empare de votre bras pour frapper ou ne vous ouvre la bouche pour consommer alcool ou drogues. La citation suivante illustre bien mon propos :

> *« Si vous souffrez, c'est vous.*
> *Si vous êtes heureux, c'est vous.*
> *Si vous vous sentez chanceux, c'est vous.*
> *Personne n'est responsable de la manière dont vous vous sentez. C'est seulement vous, et personne d'autre que vous.*
> *Vous êtes le ciel et l'enfer. »*
>
> – Osho

La superstition

Il s'agit des croyances et pratiques de ceux qui croient à certains présages favorables ou défavorables.

Exemple 1 : Si vous entrez par une porte, vous devez nécessairement ressortir par cette même porte.

Exemple 2 : Vous ne devez jamais marcher sur les lignes d'un trottoir, passer sous une échelle ou habiter un 13e étage.

CLÉ 40r : Établir les preuves

Je vous invite ici à établir les preuves de telles pensées et à vous demander si vous pourriez en débattre en cour devant un juge. Demandez-vous également en quoi ces pensées vous aident.

Avoir toujours raison

Dans cette distorsion cognitive, se tromper est impensable. Cela se caractérise par le fait que l'on cherche activement à prouver que ses actions ou ses pensées sont correctes et que l'on privilégie parfois son intérêt personnel par rapport aux sentiments des autres.

Exemple 1 : Vous êtes à ce point convaincu d'avoir raison que vous êtes prêt à sacrifier une relation amicale ou amoureuse plutôt que de penser qu'il est possible que vous vous trompiez.

Exemple 2 : Vous consultez votre médecin, qui vous donne son diagnostic, mais vous n'en croyez rien, même si vous n'avez aucune connaissance dans le domaine, car vous avez lu quelque chose sur le Web à propos de vos symptômes et il est donc évident que le médecin est incompétent. Vous savez parfaitement bien ce que vous avez. Vous n'avez pas à suivre les directives du médecin, quitte à vous rendre encore plus malade pour qu'un médecin compétent reconnaisse que vous avez parfaitement raison.

CLÉ 40s : *SWITCH*[17]

En quoi est-ce important pour vous d'avoir raison? Est-ce l'instinct qui vous pousse à agir ainsi? Il est vrai que notre société valorise la réactivité et les connaissances, qu'elle voit comme des qualités ou des vertus. Soyez réaliste et acceptez qu'il vous arrive de vous tromper et de ne pas avoir réponse à tout. C'est humain, et vous êtes un humain.

Je vais vous faire une grande confidence : Personne, je dis bien personne, n'est parfait et tout le monde se trompe. Les gens qui prétendent ne jamais se tromper et être parfaits sont vraiment agaçants.

Je vous propose ici la technique *SWITCH*, que je tiens de la programmation neurolinguistique, pour modifier un comportement qui vous dérange. Je vous invite encore une fois à

---

[17] Technique de la programmation neurolinguistique qui signifie basculer.

enregistrer le texte et à vous prêter à l'exercice de visualisation chaque fois que vous voudrez modifier un comportement. N'oubliez pas de garder les yeux fermés, puisqu'on voit plus loin ainsi, et aussi de surveiller votre respiration.

- *Installe-toi confortablement et ferme les yeux.*
- *Imagine que tu tiens dans tes mains une tablette ou un téléphone cellulaire.*
- *Dans le dossier de photos, tu fais défiler des photos de toi devant tes yeux.*
- *Bien. Tu respires calmement.*
- *Arrête-toi à la photo qui te montre accablé par ton problème et tu la sélectionnes.*
- *Laisse-toi imprégner par cette image.*
- *Prends le temps de remarquer ce qu'il y a à voir sur cette image négative de toi.*
- *Prends aussi conscience des pensées qui te traversent l'esprit à la vue de cette photo…*
- *… et surtout de sentir les émotions que génèrent en toi ces pensées.*
- *Sur ta tablette ou ton téléphone imaginaire, choisis l'option Retoucher.*
- *Clique sur cette option jusqu'à ce que la photo devienne floue.*
- *Ensuite, à l'aide de ton pouce et de ton index, réduis la taille de la photo, comme tu le ferais sur un écran tactile.*
- *Tu la réduis encore et encore jusqu'à ce qu'il ne reste plus qu'un point noir.*
- *Bien. Respire calmement.*

- *À mesure que tu réduis la taille de la photo, tu sens l'intensité des émotions qui diminue à l'intérieur de toi au même rythme que l'image.*
- *Tu peux rire de la taille ridicule de cette image négative de toi.*
- *Et, en même temps, tu écoutes ta voix intérieure qui est de moins en moins forte…*
- *… jusqu'à ce que tu n'entendes plus rien d'autre que le silence.*
- *Bien. Respire calmement.*
- *D'un ton ferme, tu répètes :* ***Maintenant, stop! Fini! J'efface cette photo et tout ce qui s'y rattache.***
- *Tu sélectionnes ensuite la poubelle sur ta tablette ou ton téléphone.*
- *Tu cliques sur Supprimer la photo.*
- *À la question « Êtes-vous sûr de vouloir supprimer définitivement cette photo? », tu sélectionnes* ***Oui****, tout en prononçant ce mot à voix haute.*
- *Tu sens alors la liberté qui t'envahit de t'être débarrassé de cette image négative de toi et de tout ce qui s'y rattache.*
- *Bien. Tu respires calmement.*
- *Tu savoures cet instant.*
- *Tu dis à haute voix :* ***Avec toute l'énergie qui est en moi, je nettoie maintenant toutes les mémoires qui se rattachent à cette photo et à cette situation, des plus anciennes aux plus récentes.***
- *Maintenant, tu retournes au dossier de photos de ta tablette ou téléphone imaginaire.*

- *Tu sélectionnes une photo minuscule, de la taille de celle que tu viens d'effacer.*
- *De ton pouce et de ton index, tu grossis cette photo.*
- *Ce faisant, tu constates qu'il s'agit de toi libéré de ton problème.*
- *Améliore la qualité de l'image à l'aide de l'option Retouche.*
- *Tu te donnes la peine de la rendre exactement comme tu veux qu'elle soit.*
- *Accentue les couleurs, la luminosité et la netteté de la photo.*
- *Écoute en même temps ton discours intérieur, maintenant que le problème est résolu.*
- *Imprègne chaque cellule de ton corps des sentiments de paix, de soulagement et de légèreté que tu ressens en ce moment.*
- *Ce faisant, tu respires calmement et profondément.*
- *Lorsque tu vois, entends et ressens clairement cette nouvelle image de toi, sélectionne Enregistrer sur l'appareil.*
- *À la question « Êtes-vous sûr de vouloir enregistrer les modifications? », tu cliques sur* ***Oui****, tout en prononçant ce mot à voix haute.*
- *Maintenant, dis avec fermeté :* ***Avec toute l'énergie qui est en moi, je nettoie maintenant toutes les mémoires qui me séparent de ce que je désire, des plus anciennes aux plus récentes.***
- *Ensuite, lâche prise et fais confiance.*[18]

[18] Inspiré du livre *Ho'oponopono : Miracle au quotidien*, de Laurent Debaker.

Vous êtes-vous reconnu dans certaines des distorsions cognitives que nous venons de voir? Il importe d'y jeter un œil honnête et objectif jusqu'à ce que vous reconnaissiez vos comportements en vue de comprendre vos actions et réactions pour pouvoir enfin les modifier. Vous ne pouvez transformer un comportement si vous ne comprenez pas comment il opère en vous. Dès que vous en êtes conscient, il ne tient qu'à vous de vous servir de vos clés pour y remédier.

Dans le chapitre qui suit, nous nous pencherons sur un composant du corps humain qui peut influer sur nos relations. Oui, Mesdames et Messieurs, nous parlerons d'hormones. Ne sautez surtout pas ce chapitre, Messieurs, car vous pourriez apprendre des choses sur votre conjointe. De plus, la fin du chapitre s'adresse plus précisément à vous.

CHAPITRE 21

Ce n'est pas moi, ce sont les hormones

Les hormones jouant un rôle important dans la vie de bien des couples, mieux vaut comprendre leur fonctionnement et les difficultés qu'elles peuvent occasionner, puisqu'elles sont étroitement liées à nos émotions et à nos comportements. Dans ce chapitre, nous verrons les différents critères de troubles qui peuvent découler d'un dérèglement hormonal ainsi que les clés qui nous aident à composer avec lui.

Commençons par le syndrome prémenstruel, qui est possiblement le premier lien des femmes avec leurs hormones, et nous examinerons ensuite les différentes transformations féminines jusqu'à la ménopause. Nous terminerons sur l'andropause.

Le syndrome prémenstruel

Il y a nombre de choses sur lesquelles nous ne pouvons pas toujours exercer un contrôle et les hormones en font partie. Bien des femmes éprouvent beaucoup de difficultés à gérer leurs émotions à certains moments du mois. Bien sûr, pour pouvoir en prendre le contrôle, encore faut-il d'abord en prendre conscience.

[19] https ://fr.wikipedia.org/wiki/Syndrome_pr%C3%A9menstruel

Selon une étude[19] de l'American college of obstetricians and gynecologists, entre 20 et 40 % des femmes en âge de procréer présenteraient un syndrome prémenstruel. Cependant, d'autres recherches épidémiologiques sur la prévalence de ce syndrome indiqueraient que 80 à 90 % des femmes en âge de procréer en souffriraient d'une façon ou d'une autre. Cinquante pour cent des femmes présenteraient une symptomatologie modérée, 35 % des femmes souffriraient de symptômes perturbant leur vie sociale, professionnelle ou familiale, et 5 à 10 % des femmes souffriraient d'un syndrome prémenstruel sévère avec perturbation grave de tous les aspects de leur vie quotidienne.

Le trouble dysphorique prémenstruel (forme sévère du syndrome prémenstruel) se retrouverait chez 3 à 8 % des femmes en âge de procréer, son incidence étant donc bien moindre que celle du syndrome proprement dit. Selon Mimoun, seule une femme sur huit qui consultent pour un syndrome prémenstruel présenterait un trouble dysphorique prémenstruel. C'est le genre de mal-être dont les gens rigolent, en particulier les hommes, mais il est en fait réellement reconnu dans les quatrième et cinquième éditions du *Manuel diagnostique et statistique des troubles mentaux* (DSM) de l'American psychiatric association, qui le comptent au nombre des troubles en santé mentale, plus précisément les troubles dépressifs.

À l'adolescence, ma fille avait des périodes où elle pleurait seule dans sa chambre. Elle me disait alors : « Je ne m'endure pas moi-même, comment veux-tu que les autres m'endurent? Tout le monde me tape sur les nerfs, je n'en peux plus. » Je crois aux études sur le sujet et je crois à l'hérédité. Dans le cas de ma fille, il était bien évident que la pomme n'était pas tombée loin de l'arbre, car j'ai moi aussi eu pendant de longues années cette envie irrésistible de me recroqueviller sur moi-même et de me noyer dans une tristesse que je ne m'expliquais pas. C'était bien les hormones qui jouaient avec mes humeurs, d'où l'importance d'en prendre conscience et d'en discuter aussi avec les gens qui nous entourent puisque ces poussées hormonales teintent nos humeurs et nos relations avec les autres.

C'est comme si vos hormones prenaient le contrôle de votre corps, à votre insu, comme le monstre s'empare de vos pensées sans que vous vous en rendiez compte. Cela dit, la majorité des femmes ne subissent aucune fluctuation de l'humeur.

Voici quelques clés qui aident à une meilleure régulation des hormones et de l'humeur.

CLÉ 41 : Hygiène de vie

Modifications du régime alimentaire

Comme vous avez pu le constater jusqu'ici, je suis axée sur les solutions, et il en existe plus d'une pour vous aider dans votre lutte mensuelle pour votre tranquillité d'esprit. Vous n'êtes pas obligées, Mesdames, de perdre chaque mois la maîtrise de votre vie et de laisser vos hormones en faire ce qu'elles veulent.

La thérapie cognitive comportementale est toujours de circonstance en pareil cas, mais une bonne alimentation, idéalement sans sucre, et l'exercice physique peuvent également aider à garder un certain équilibre hormonal.

Des modifications diététiques et certains apports alimentaires semblent être efficaces pour le traitement de la dysphorie prémenstruelle. Les recommandations diététiques consistent en la réduction en sel, sucre, alcool et caféine et l'augmentation en hydrates de carbone, bien que les effets positifs d'une augmentation de la consommation d'hydrates de carbone complexes n'aient été confirmés que par une seule étude contrôlée.

Sans que leur mécanisme d'action soit connu, les suppléments de calcium et de magnésium ont également montré leur efficacité sur la rétention liquidienne, les douleurs abdominales et les symptômes psychiques.

Le tocophérol (vitamine E) aurait pour sa part une efficacité variable, selon les études considérées, mais probablement aussi marginale.

CLÉ 42 : Activité physique

À la bonne alimentation vient s'ajouter l'activité physique, pas uniquement pour garder la forme, mais bien aussi pour garder le moral et équilibrer les hormones. Les données encore limitées sur les effets de l'entraînement physique sur la dysphorie prémenstruelle montrent une amélioration de la symptomatologie grâce à l'exercice aérobique et anaérobique.

En effet, toutes les études qui se sont penchées sur le sujet, bien que par des méthodologies différentes et avec des activités physiques différentes, montrent une amélioration significative des symptômes présentés par les femmes souffrant de dysphorie prémenstruelle, et ce, tant pour les symptômes physiques que psychiatriques. Cet effet surprenant pourrait refléter la modulation physiologique dans les taux des neurotransmetteurs, qui traduirait l'adaptation hypothalamique à l'activité physique.

L'exercice physique augmente les concentrations plasmatiques de bêta-endorphines et module les concentrations de stéroïdes gonadiques. Les bêta-endorphines sont en effet des modulateurs neuroendocriniens de la fonction hypophysaire antérieure, qui peuvent inhiber la libération de l'hormone lutéinisante par l'intermédiaire de l'hormone de libération des gonadotrophines hypophysaires et ainsi modifier les caractéristiques du cycle menstruel. De plus, l'augmentation de bêta-endorphines peut améliorer l'humeur.

Quand on a mal au corps et à la tête, la relation avec les autres devient automatiquement plus difficile. Mais quand on en prend conscience, et en s'aidant des bonnes clés, on peut alors apprendre à composer avec ce mal et changer peu à peu sa mauvaise programmation.

Voici les critères du trouble dysphorique prémenstruel[20] tels qu'on les présente dans la quatrième édition du *Manuel diagnostique et statistique des troubles mentaux* (DSM IV) :

Tableau 1. DSM-IV : critères de recherche pour le trouble dysphorique prémenstruel

A. Au cours de la plupart des cycles menstruels de l'année écoulée, cinq ou plus des symptômes suivants ont été présents la plupart du temps lors de la dernière semaine de la phase lutéale. Ils se sont améliorés au cours des premiers jours de la phase folliculaire et sont demeurés absents pendant la première semaine après les règles. L'un des symptômes doit être 1, 2, 3, ou 4 :

1. Humeur dépressive marquée, sentiments de désespoir ou autodépréciation (idées de dévalorisation)

2. Anxiété marquée, tensions, impression d'être noué, tendu, nerveux

[20] https ://www.revmed.ch/RMS/2006/RMS-52/31044

3. Labilité émotionnelle marquée (par exemple, brusque sentiment de tristesse, envie de pleurer, hypersensibilité au rejet)

4. Colère ou irritabilité marquée et persistance ou augmentation des conflits interpersonnels

5. Diminution de l'intérêt pour les activités habituelles (par exemple, travail, école et amis, loisirs)

6. Difficultés subjectives à se concentrer

7. Léthargie, fatigabilité excessive ou perte d'énergie marquée

8. Modifications marquées de l'appétit, hyperphagie, envie impérieuse de certains aliments

9. Hypersomnie ou insomnie

10. Sentiment d'être débordé ou perte de contrôle

11. Autres symptômes physiques tels que tension ou gonflement des seins, céphalées, douleurs articulaires ou musculaires, impression d'enfler, prise de poids

B. La perturbation interfère nettement avec le travail ou l'activité scolaire, les activités sociales habituelles et les relations avec les autres (par exemple, évitement des activités sociales, diminution de la productivité ou de l'efficacité au travail ou à l'école)

C. La perturbation ne correspond pas seulement à l'exacerbation des symptômes d'un autre trouble comme un trouble dépressif majeur, un trouble de panique, un trouble dysthymique ou un trouble de la personnalité (bien qu'elle ne puisse se surajouter à chacun de ces troubles)

D. Des évaluations quotidiennes prospectives réalisées pendant au moins deux cycles symptomatiques consécutifs doivent confirmer la présence des critères A, B et C (avant cette confirmation, le diagnostic peut être porté à titre provisoire)

La dépression post-partum

Nombre de femmes sont dépressives après un accouchement. Le phénomène, bien mal compris de beaucoup, encore de nos jours, peut hypothéquer les relations avec la famille et les proches.

J'ai parlé au début de ce livre de l'importance des relations dès la naissance. Si la dépression post-partum n'est pas soignée, elle peut créer chez le nouveau-né et les autres membres de la famille un lien d'insécurité et un profond sentiment de rejet.

Voici les critères diagnostiques de ce type de dépression, tirés de la cinquième édition du *Manuel diagnostique et statistique des troubles mentaux* (DSM V) de l'American psychiatric association. Il est à remarquer que cette association ne reconnaît pas la dépression post-partum comme un diagnostic distinct, les patientes devant plutôt répondre aux critères d'un épisode dépressif majeur et aux critères du spécificateur de début de péripartum. La dépression post-partum se définit donc comme un épisode dépressif majeur avec un début de grossesse ou dans les quatre semaines suivant l'accouchement.

Les critères du DSM V pour un épisode dépressif majeur sont les suivants :

a) Cinq symptômes ou plus sur neuf (y compris au moins un de l'humeur déprimée et la perte d'intérêt ou de plaisir) au cours de la même période de deux semaines. Chacun de ces symptômes représente un changement par rapport au fonctionnement précédent, et doit être présent presque tous les jours :

1) humeur déprimée (subjective ou observée); peut-être d'humeur irritable chez les enfants et les adolescents, presque toute la journée;
2) perte d'intérêt ou de plaisir, la majeure partie de la journée;
3) changement de poids ou d'appétit (poids : changement de 5 % sur un mois);
4) insomnie ou hypersomnie;
5) retard psychomoteur ou agitation (observé);
6) perte d'énergie ou fatigue;
7) sentiment d'inutilité ou de culpabilité;
8) concentration ou décision altérée;
9) pensées récurrentes de mort ou d'idéation ou de tentative suicidaires.

b) Les symptômes causent une détresse ou une déficience importante.

c) L'épisode n'est pas attribuable à une substance ou à une condition médicale.

d) L'épisode n'est pas mieux expliqué par un trouble psychotique.

e) Il n'y a jamais eu d'épisode maniaque ou hypomaniaque. L'exclusion e) ne s'applique pas si un épisode (hypo)maniaque est induit en substance ou attribuable à une condition médicale.

Classification internationale des maladies 11 (CIM 11)

La CIM 11 ne reconnaît pas, non plus, la dépression post-partum comme un diagnostic séparé, mais la classe plutôt dans la catégorie des troubles mentaux ou comportementaux associés à la grossesse, à l'accouchement ou au puerpérium et la décrit comme suit : « Syndromes associés à la grossesse ou au périum (à partir d'environ six semaines après l'accouchement) qui comprennent des caractéristiques mentales et comportementales significatives. Si les symptômes répondent aux exigences diagnostiques d'un trouble mental spécifique, ce diagnostic devrait également être attribué. »

La CIM 11 définit un épisode dépressif comme suit : « Un épisode dépressif se caractérise par une période d'humeur presque mortellement déprimée ou d'un intérêt diminué pour les activités d'au moins deux semaines accompagnées d'autres symptômes tels que la difficulté à se concentrer, des sentiments d'inutilité ou de culpabilité excessive ou inappropriée, le désespoir, les pensées récurrentes de mort ou de suicide, les changements dans l'appétit ou le sommeil, l'agitation psychomotrice ou le retard, et la réduction de l'énergie ou la fatigue. Il n'y a jamais eu d'épisodes maniaques, hypomaniaques ou mixtes antérieurs, ce qui indiquerait la présence d'un trouble bipolaire.[21]

Je pense que nous serons d'accord pour dire que lorsque vous avez plusieurs symptômes de dépression post-partum et que les gens insistent pour venir voir votre petit poupon, il y a de fortes chances qu'ils ne soient pas bien accueillis. Non seulement n'éprouvez-vous aucun intérêt pour ce bébé que vous désiriez pourtant de tout votre cœur, ce qui vous est tout simplement incompréhensible, mais vous vous culpabilisez, ce qui n'aide en rien votre situation.

CLÉ 43 : Demander de l'aide sans tarder

N'hésitez surtout pas à aller chercher de l'aide afin de comprendre ce qui vous arrive et d'être en mesure d'expliquer à

[21] https ://www.ncbi.nlm.nih.gov/pmc/articles/PMC4426488/

ceux que vous aimez que ce n'est pas le bon moment. Si vous avez besoin d'être seule, respectez-vous en faisant savoir à votre entourage ce qu'il en est. Comprenez que vous risquez fort d'être passive-agressive, comportement de ceux qui font les choses par obligation plutôt que parce qu'ils en ont réellement envie. Vous risquez donc de blesser amis et famille et de vous en vouloir par la suite.

Si possible, demandez à un proche de vous aider avec le bébé pendant que vous prenez du temps pour vous. Une dépression post-partum ne perdure pas si vous vous respectez et acceptez l'aide dont vous avez besoin. Il importe que le conjoint prenne la relève pour que le nouveau-né ne soit pas négligé. Rapidement, vous reprendrez le dessus. Vous devez vous donner la permission de vous occuper de vous pour régulariser vos hormones.

Ménopause, sors de ce corps et surtout de ma tête

Une étude[22] a établi un lien entre les traits de personnalité et le diagnostic du DSM IV de l'insomnie chez les femmes en périménopause et post-ménopausées.

La ménopause marque la fin du cycle menstruel, diagnostiquée après douze mois sans règles. Elle peut survenir dans la quarantaine ou la cinquantaine, mais l'âge moyen est de 51 ans aux États-Unis.

La ménopause est un processus biologique naturel. Par contre, les symptômes physiques, tels que les bouffées de chaleur et les symptômes émotionnels de la ménopause peuvent perturber votre sommeil, réduire votre énergie ou affecter votre santé émotionnelle. Il existe de nombreux

---

[22] https://www.mayoclinic.org/diseases-conditions/menopause/symptoms-causes/syc-20353397

traitements efficaces, allant des changements au mode de vie à l'hormonothérapie.

Lorsque vos hormones viennent prendre non pas juste le contrôle de votre tête comme lors du syndrome prémenstruel, mais aussi le contrôle de votre corps avec les bouffés de chaleur et les nuits blanches, il y a de fortes chances que ça joue sur votre tempérament et vos relations.

Symptôme[23]

Au cours des mois ou des années précédant la ménopause (périménopause), vous pourriez ressentir ces signes et symptômes :

- règles irrégulières,
- sécheresse vaginale,
- bouffées de chaleur,
- frissons,
- sueurs nocturnes,
- problèmes de sommeil,
- changements d'humeur,
- prise de poids et ralentissement du métabolisme,
- cheveux clairsemés et peau sèche,
- perte de plénitude des seins.

Les résultats montrent la pertinence des facteurs de personnalité, en particulier le névrosisme et la personnalité obsessionnelle compulsive, reliés à l'expérience de l'insomnie d'une femme au cours de la transition ménopausique.[24]

---

[23] https://www.mayoclinic.org/diseases-conditions/menopause/symptoms-causes/syc-20353397

[24] https ://insights.ovid.com/article/00042192-201406000-00012

Dans de telles circonstances, ne serait-il pas normal que, lorsque vos hormones déséquilibrent ce qui se passe dans votre corps et votre tête, cela change aussi votre relation aux autres?

Je vous raconte l'histoire d'une cliente, venue me voir pour reprendre le contrôle de sa tête et de son corps. Voici ce qu'elle m'a raconté :

« Je ne sais plus où j'en suis. Je ne me reconnais plus. J'ai perdu le contrôle sur mon corps. Je ne mange ni plus ni moins. Je me nourris bien et je prends du poids. Je perds mes cheveux et ma peau a l'air moche. Je n'aime pas ce que je vois quand je me regarde dans le miroir. Qui est cette femme moche? Ce n'est plus moi, mais une autre version de moi qui transpire, même sans faire d'efforts. Je me sens constamment sale, dû aux chaleurs. Je passerais mon temps sous la douche. De plus, moi qui dormais du sommeil du juste, voilà que les chaleurs montent dès que je me mets au lit et ensuite j'ai froid et j'ai chaud à nouveau. Tout cela m'empêche de dormir. Je me sens mal à l'aise à côté de mon conjoint. Je ne veux pas le mouiller de ma sueur. Je me dégoûte. Je me réveille en pleine nuit, trempée. Je dois changer de chemise de nuit et si j'étais seule, je changerais aussi les draps. Je fais bien attention de ne pas faire de bruit pour ne pas réveiller mon conjoint. J'ai peur qu'il en vienne à avoir ce même dégoût que j'ai pour moi.

« Au matin, je me réveille fatiguée de cette nuit agitée, passée entre l'air polaire et les grandes canicules, sans énergie, avec un corps qui ressemble de moins en moins au mien, moi qui ai toujours été débordante d'énergie. Je ne me reconnais plus et je n'aime pas cette femme. Comment avoir envie de rapprochements avec mon amoureux si, même sans rapprochements, les sueurs abondent et que je ne me sens pas propre et désirable?

« S'il vous plaît, coach, aidez-moi à sortir la bête de ma tête et de mon corps. »

Comme je l'ai dit plus haut, j'abonde dans le sens de la science. Je suggère bien sûr une bonne hygiène de vie avec de saines habitudes alimentaires, en coupant le sucre, l'alcool, le café et les aliments épicés. Je suggère aussi de faire de l'exercice et de la méditation au quotidien.

Et ma cliente de me dire qu'à 50 ans, elle n'a plus du tout envie de se priver et de s'imposer des choses comme d'aller s'entraîner au gym.

Je comprends très bien. Mais si vous ne changez rien, rien ne va changer et vous devrez continuer de subir votre ménopause plutôt que de la vivre comme un rite de passage.

Je crois que la vie comporte plusieurs rites de passage : celui de l'enfance à l'adolescence, celui de l'adolescence à l'âge adulte et celui de l'âge adulte à l'âge d'or. Je souris ici, puisque tout est question d'interprétation. Rendu à l'âge d'or, vous devriez pouvoir travailler moins d'heures par semaine et prendre mieux soin de vous, de l'avis de mon médecin de famille. Mais bien souvent dans notre société, la réalité ne coïncide plus avec ce rite de passage. À la ménopause, la majorité des femmes sont encore très actives sur le marché du travail et au pinacle de leur carrière.

Comment vivre ce rite de passage plutôt que de le subir? En prendre conscience est un bon départ. Et si une bonne alimentation n'en était pas une de privation, mais bien une occasion d'offrir ce qu'il y a de meilleur à son corps, puisqu'il le mérite? Prenez conscience de tout ce que votre corps vous a permis de vivre et d'accomplir.

Et si de faire de l'exercice prenait un tout autre sens? Ma mère, qui n'a jamais été une grande sportive, a découvert au début de ses 70 ans le pickleball, un sport de raquette qui lui permet de rencontrer des gens et de garder la forme. Faites preuve de créativité et essayez de nouvelles activités. Personnellement, j'aime beaucoup les randonnées pédestres et le qi gong. À vous de trouver comment dépenser votre énergie et garder un bon équilibre hormonal. Le jardinage et la danse sont deux autres belles activités auxquelles vous adonner.

Cela dit, ne vous obligez pas à faire des choses que vous n'aimez pas, car ça ne durera pas. Rappelez-vous la distorsion cognitive qui nous vient de tous ces *je dois*. Si vous n'en avez pas envie, vous allez vous saboter. Trouvez ce qui vous convient vraiment à vous.

CLÉ 44 : Visualiser un moment au spa

Que pouvons-nous faire d'autre, nous les femmes, pour traverser le passage obligé de la ménopause avec sérénité?

Commencez par vous habiller en pelures d'oignon, en enfilant diverses pièces vestimentaires que vous pourrez retirer et remettre avec classe selon que vous avez chaud ou froid. Profitez-en pour vous acheter des vêtements qui vous vont bien tout en vous faisant du bien, dans lesquels vous vous sentirez belle. Visez à la fois confort et classe. Si vous portez des vêtements qui sont confortables, mais que vous ne vous sentez pas belle, cela influera sur votre estime. Prenez le temps d'être coquette.

Expliquez à votre conjoint que vous êtes un peu comme un panda et que vous vivez une transformation pour le mieux, dans la sagesse et la beauté intérieure. Cette transformation peut être belle, si vous choisissez de la voir ainsi.

Vous pouvez même composer avec les choses qui échappent à votre contrôle. Lorsque les chaleurs se manifestent, vous avez le choix de vous mettre en colère et d'accentuer ainsi vos chaleurs, ou de fermer les yeux le temps que ça passe et de vous imaginer sous le soleil des tropiques. Dites-vous que c'est un signe que votre corps vous envoie pour que vous marquiez une pause et que vous vous hydratiez. Gardez toujours une bonne bouteille d'eau froide à portée de main. Comme les chaleurs prennent leur source à l'intérieur de votre corps, buvez de l'eau comme s'il s'agissait du tuyau dont se servent les pompiers pour éteindre les incendies. Je vous laisse imaginer le pompier qui tient le tuyau de l'eau qui éteint le feu qui brûle en vous!

Sachant que les chaleurs ne durent jamais longtemps, vous pouvez aussi visualiser que vous passez un moment de détente dans un spa ou un sauna, durant les secondes ou minutes que dure la bouffée de chaleur, et sentir tout le bien-être que vous en retirez. Voyez ensuite le petit frisson ou le moment de froid qui suit comme lorsque vous passez du sauna au bain glacial. Imprégnez chacune des cellules de votre corps des effets bénéfiques de ce passage.

Rappelez-vous la sensation de bien-être lorsque votre corps retrouve tout doucement sa température après la chaleur intense du sauna et le choc de l'intensité du bain glacial. Sentez comme ce moment est bon et la paix intérieure qui s'installe en vous.

Prenez le temps de vivre pleinement ce moment de calme et de quiétude.

Si vous prenez chaque fois le temps de visualiser le bien-être de la chaleur comme vous le feriez au spa plutôt que de vous sentir mal, votre cerveau enregistrera ce bien-être. Comme il est malléable, il finira à la longue par enregistrer que vos chaleurs sont autant de moments de bien-être pour vous.

La visualisation de l'alternance chaud/froid vous vaudra de nombreux bienfaits. L'eau chaude et l'eau froide ont chacune des vertus qui leur sont propres, mais l'alternance chaud/froid est encore plus bénéfique pour l'organisme. Le froid revigore, répare et tonifie le corps. La sensation de calme qu'il procure détend le corps tout en améliorant sa résistance au stress. La chaleur, quant à elle, a aussi pour effet de détendre le corps tout en contribuant à éliminer les toxines présentes dans l'organisme.

Ainsi, l'alternance chaud/froid permet d'associer les bienfaits du froid à ceux de la chaleur. Parmi les principaux bienfaits, on retrouve notamment :

- une circulation sanguine améliorée;
- un système immunitaire renforcé;
- un meilleur sommeil;
- un regain d'énergie;
- un esprit apaisé.

L'alternance chaud/froid peut également avoir des effets positifs visibles sur la peau et les cheveux par exemple.

Les sportifs font très souvent appel à cette méthode, car l'alternance chaud/froid aide à soulager les courbatures et autres douleurs musculaires, ce qui favorise la récupération après l'effort.[25]

L'andropause

Je ne vous oublie pas, Messieurs, car bon nombre d'entre vous ne sont pas épargnés.

Le niveau de testostérone décroît de 10 % par décennie chez l'homme à partir de trente ans. Dans le fonctionnement normal du système hormonal masculin, la majeure partie de la testostérone est liée à deux composants sanguins, la globuline qui lie les hormones sexuelles et l'albumine, qui la transporte et participe à sa régulation.

Ces deux composants se partagent ainsi entre 97 ou 98 % de la testostérone. Quant aux 2 ou 3 % restants, il s'agit de testostérone libre dite « biodisponible ». En outre, les sites où la testostérone doit se lier pour être efficace peuvent être occupés par l'estradiol, œstrogène présent aussi chez l'homme, qui augmente avec l'âge et le poids.

[25] https://www.guide-piscine.fr/hammam-ou-sauna-chez-soi/utilisation-et-bienfaits-du-hammam/les-bienfaits-de-l-alternance-chaud-froid-4261_A

Au-delà de soixante ans, une carence en testostérone est fréquente.

Leur qualité de vie amoindrie, les hommes de plus de cinquante ans consultent de plus en plus fréquemment, se plaignant de ne plus être l'homme qu'ils étaient.

Une étude européenne menée en 2010 estime que 2 % de la population étudiée est touchée, les insuffisances majeures étant diagnostiquées chez 20 % des hommes de plus de soixante ans (le chiffre de 30 % des quinquagénaires est celui qu'avance le « marché des érectiles »).

Jusqu'à récemment, l'andropause était mal identifiée du fait que les symptômes étaient vagues et variaient grandement d'un homme à un autre :

- signes sexuels à type de baisse de la libido, espacement des rapports, troubles de l'érection;
- signes morphologiques comportant une perte de masse musculaire et de force, prise de poids de type gynoïde, une diminution de la pilosité axillaire, pubienne, et du volume testiculaire, une ostéoporose, une peau amincie et sèche;
- signes fonctionnels avec asthénie, hypersudation, parfois bouffées de chaleur, troubles mictionnels et du sommeil, avec augmentation des apnées du sommeil;
- troubles neuropsychiatriques avec une difficulté de concentration, manque de confiance en soi, irritabilité ou indifférence, baisse d'aptitude au travail, troubles de la mémoire récente.

La diminution de production de l'hormone mâle est très progressive. Elle débute vers trente ans et s'étale jusqu'au décès sur les trois, quatre ou cinq décennies suivantes. Elle diminue de 1 % par an à partir de l'âge de cinquante ans, les insuffisances majeures étant diagnostiquées chez 20 % des plus de soixante ans. Elle n'est pas toujours symptomatique. Aussi, un homme peut vivre de manière optimale au tiers ou à la moitié du taux sanguin d'un autre.[26]

Ce n'est pas un passage amusant pour vous, Messieurs, pas plus que le syndrome prémenstruel et la ménopause le sont pour la femme, d'où l'importance de prendre conscience de ce qui se passe dans votre corps. Pour les hommes, la masculinité passe bien souvent par les performances sexuelles et la masse musculaire. Fort heureusement, le nombre d'hommes qui souffrent de l'andropause est moindre que celui des femmes en ménopause, mais c'est tout aussi inconfortable pour ceux qui le vivent.

CLÉ 45 : Visualiser vos accomplissements

Ce que je vous suggère, en tout premier lieu, est de vous visualiser à votre tour dans un spa, comme nous l'avons vu pour la ménopause. Si vous avez des chaleurs, cette visualisation vous sera d'autant plus bénéfique.

Je vous suggère aussi de passer en revue tout ce que votre corps vous a permis d'accomplir et de le remercier pour toutes les fois où vous lui avez demandé encore plus que ce qu'il était capable de faire.

Prenez aussi le temps de voir tout ce que vous avez qui fonctionne encore très bien et de voir ce que vous pouvez

[26] https://fr.wikipedia.org/wiki/D%C3%A9ficit_androg%C3%A9nique_li%C3%A9_%C3%A0_l%27%C3%A2ge

accomplir avec de la créativité pour déjouer les signes de l'andropause.

Dans le chapitre qui suit, nous verrons pourquoi, quand vous faites de nouveaux apprentissages et constatez une amélioration, vous abandonnez subitement vos nouvelles habitudes et retournez à vos vieilles pantoufles.

CHAPITRE 22

Sabotage

Voyons maintenant ce qui fait que vous baissiez la garde et retourniez à vos anciennes façons de procéder après en avoir acquis de nouvelles.

Beaucoup de ceux qui viennent me consulter réussissent à effectuer de beaux changements dans leurs manières de penser et de faire, puis passent continuellement de ses nouvelles habitudes aux anciennes, en réintégrant de vieilles pantoufles qui sont pourtant plus inconfortables que jamais.

J'aime comparer le changement psychique à l'entraînement physique. Changer son mode de pensée ne se fait pas du jour au lendemain. Cela demande un entraînement assidu, tout comme retrouver sa forme physique demande des efforts soutenus.

Si vous avez les mêmes comportements depuis vingt ou trente ans, il s'agit d'autant d'automatismes qui refont vite surface si vous cessez de mettre vos nouvelles habitudes en pratique.

Si vous ne vous entraînez physiquement qu'une fois par semaine et que vous vous alimentez mal et ne vous hydratez pas, ça ne sert à rien. Si vous entraînez votre esprit à être plus positif, plus reconnaissant et plus actif pendant votre heure de consultation avec votre coach, mais que vous ne faites rien d'autre du reste de la semaine, vous risquez fort de ne pas changer grand-chose dans votre vie.

Cependant si vous fréquentez un gymnase trois ou quatre fois par semaine, que vous vous alimentez bien et buvez beaucoup d'eau, vous obtiendrez des résultats après quelques semaines. Après quelques mois, vous serez vraiment fier de vous, et c'est là bien souvent que le saboteur fait son apparition pour vous dire : « Ne t'entraîne pas aujourd'hui. Une fois n'est pas coutume. Et comme tu ne t'entraîneras pas, tu peux manger de la malbouffe. Tu recommenceras demain. » Le lendemain, le saboteur vous dit : « Comme tu as mal agi hier, tu perds ton temps aujourd'hui; ça ne sert à rien. » En peu de temps, vous retrouvez vos vieilles habitudes et retournez à votre ancienne forme ou souvent pire encore.

Et voilà, le saboteur a pris le dessus. C'est ce que je constate souvent chez les gens qui s'entraînent, et aussi chez ceux qui cherchent à perdre du poids, ou qui lancent une entreprise ou encore s'emploient à améliorer leurs relations amoureuses et familiales. Ils reviennent me voir pour me dire que tout se passait parfaitement bien, mais qu'ils ont tout saboté et que rien ne va plus.

Je leur pose toujours la même question :

CLÉ 46 : Que faites-vous quand ça va bien?

Persistez dans vos nouvelles habitudes ou recommencez à les mettre en pratique. C'est aussi simple que cela. Soyez plus fort que votre saboteur. N'oubliez surtout pas que c'est vous qui lui permettez de saboter votre vie, personne d'autre que vous.

Quand, après avoir obtenu de beaux résultats grâce à l'entraînement physique ou mental, vous cessez de vous entraîner, il va sans dire que vous n'obtenez plus les résultats souhaités. Si vous n'accomplissez plus les gestes nécessaires, vous n'obtenez plus les résultats voulus. C'est logique. Et si vous recommencez à faire ce que vous faisiez auparavant, vous obtiendrez les résultats d'avant.

Quand vous allez bien et que tout tourne rondement, vous devez continuer à faire ce qui vous permet d'avoir les mêmes résultats que vous souhaitez, jusqu'à ce que cela devienne pour vous un automatisme, tout comme l'étaient vos anciennes habitudes.

Il en va de même de vos relations. Vous vous êtes donné la peine d'examiner différentes possibilités et vous en avez parlé calmement avec l'autre jusqu'à ce que les choses aillent beaucoup mieux. Puis, vous cessez de marquer des temps d'arrêt et de discuter avec l'autre, et vous retournez à vos anciens modes de penser et de faire, qui sont plus forts que les nouvelles habitudes que vous cherchez à ancrer dans votre vie.

Quand ça va bien, il faut continuer de faire ce qui fait que ça va bien. Un peu à l'instar des gens qui ont besoin d'un médicament pour régulariser leur pression ou leur diabète et qui ne doivent pas cesser de prendre ce médicament une fois que tout est stable, vous devez persister dans vos efforts jusqu'à ce que ces efforts n'en soient plus et que vous ayez acquis vos nouvelles habitudes une fois pour toutes.

Quand vous trouvez les bonnes clés, vous devez prendre l'habitude de vous en servir.

Voyons maintenant les mensonges, ceux que vous dites aux autres, ainsi que ceux aussi que vous vous racontez à vous-même.

Chapitre 23

Pourquoi ai-je menti?

J'ai dû me rendre chez le dentiste dernièrement. Comme il s'agissait d'un nouveau dentiste, il m'a fallu remplir un questionnaire médical de deux pages, ce qui ne m'a posé aucun problème. Je me suis toutefois demandé par après pourquoi j'ai menti en répondant à la question sur les troubles en santé mentale.

Dans ce chapitre, nous verrons ensemble les bonnes et les mauvaises raisons de cacher la vérité.

J'ai indiqué spontanément que je ne souffrais d'aucun trouble en santé mentale. Puis je me suis sentie mal d'avoir menti. Pour me justifier, je me suis demandé quel lien il pouvait bien y avoir entre ma santé mentale et mes dents. Qu'est-ce que ça changeait que le dentiste et son assistante sachent que j'ai un trouble de la personnalité limite? Quel pouvait être le rapport entre ma santé mentale et ma santé buccale?

Ai-je craint d'être jugée? Bien sûr que oui. Ai-je craint qu'on me traite différemment des autres patients? Oui, possiblement. Je me suis dit que je devrais le mentionner, pour qu'on voie que les personnes borderline ont l'air normal. Après tout, rien dans mon comportement n'indique que j'ai ce trouble; au contraire, je donne une bonne impression. Est-ce justement parce que je ne sens plus aussi intensément les symptômes de ce trouble et que je me sens guérie? Peut-être aussi.

La peur du jugement pousse beaucoup de gens à mentir aux autres, et à se mentir à eux-mêmes.

Je parle haut et fort du trouble de la personnalité limite dans ma vie professionnelle. Pourtant, j'ai encore honte de cette étiquette. La mission que je me suis donnée est de faire connaître ce trouble et ses symptômes afin de faire tomber les tabous. Pourtant, j'ai préféré mentir au dentiste.

Dois-je en tout temps et avec tout le monde parler de ma santé mentale? Puis-je parfois ne pas avoir envie d'en parler?

Oui, je me suis sentie mal d'avoir menti. J'ai voulu vous en parler pour que vous compreniez que même si je vis maintenant très bien avec le trouble de la personnalité limite, même si je veux le faire connaître pour éliminer la stigmatisation qui l'accompagne, il m'arrive de vouloir simplement être Johanne Lavoie et de ne pas en parler. Je pense que c'est tout à fait convenable et que c'est me respecter que d'agir ainsi, au même titre que les gens qui vivent avec le diabète ou la haute pression ne sentent pas le besoin d'en parler à tout le monde.

Le dentiste m'aurait-il jugée? Peut-être pas...

Il reste que vous et moi sommes beaucoup plus qu'une étiquette.

CLÉ 47 : Pourquoi mentir ou taire la vérité?

Lorsque votre premier réflexe est de mentir, demandez-vous pourquoi vous ne diriez pas la vérité. Vous mentez-vous aussi à vous-même à ce moment? Il arrive qu'à force de se raconter le même mensonge on finisse par y croire.

Je vous invite aussi à vous demander s'il ne vaudrait pas mieux ne rien dire du tout plutôt que de mentir.

Que gagnez-vous en mentant? Et que gagnez-vous en disant la vérité? Que gagnez-vous en ne disant rien? Que perdez-vous en mentant? Que perdez-vous en disant la vérité? Que perdez-vous en ne disant rien?

Il est important de faire la part des choses afin de voir clairement ce que vous avez réellement à gagner ou à perdre avant de passer aux actes. Bien souvent, cette réflexion permet de faire quelque chose de complètement différent et de beaucoup mieux pour vous. Or, sans cette période de réflexion, peut-être n'y auriez-vous même pas pensé.

Il y a toujours d'autres choix.

> ***Un problème sans solution***
> ***est un problème mal posé.***
> – Albert Einstein

C'est la raison pour laquelle je vous invite tout au long de ce livre à vous poser des questions, non en les formulant de manière à obtenir les réponses que vous souhaitez entendre, mais en restant ouvert aux réponses et solutions, quelles qu'elles soient.

Avant de poser une question à un interlocuteur, demandez-vous justement si vous êtes prêt à entendre sa réponse. Si ce n'est pas le cas, si vous vous jugez ou vous sentez persécuté par la vérité, mieux vaut vous abstenir jusqu'à ce que vous soyez prêt à entendre la réponse, quelle qu'elle soit.

Avez-vous tendance à mentir aux autres? Et si oui, pourquoi donc?

Les gens me disent couramment que si leurs proches les connaissaient pour qui ils sont réellement, ils partiraient. Tentez le coup dès le départ, faites tout de suite briller vos qualités et vous verrez comme c'est beaucoup plus facile d'être authentique que de se mentir à soi et aux autres. Les mensonges finissent toujours par nous rattraper. Toute relation qui repose sur le mensonge ne reste qu'une histoire de déception de plus à se raconter.

Nous sommes enfin prêts à aborder le plan d'action dont je vous ai parlé tout au long de ce livre. Je vous le présente avec un mode d'emploi, clés en main.

CHAPITRE 24

Plan d'action

Je vous propose dans les pages qui suivent un plan d'action inspiré de la thérapie STEPPS sur la formation relative aux systèmes en vue d'une prévisibilité et de la solution de problèmes, que j'ai eu la chance de découvrir en tant qu'observatrice, ainsi que des schémas du psychologue Jeffrey Young et de la psychologue clinicienne Janet Klosko, spécialisés tous deux dans la thérapie cognitive comportementale et les schémas de comportement.

Young et Klosko ont écrit *Je réinvente ma vie : Vous valez mieux que ce que vous pensez*, d'où je tire les différents schémas que je vous présente ci-après. Je vous invite à lire ce livre. Si vous voulez en apprendre davantage sur les traitements proposés, consultez le site http://steppsforbpd.com/.

Voyons maintenant, étape par étape, le plan d'action qui servira à vous reprogrammer en prenant d'abord conscience de vos pensées pour ensuite les transformer afin qu'elles vous aident au lieu de vous nuire et que vous en veniez à entretenir des relations saines et harmonieuses avec vous-même et les autres.

Lorsqu'une situation problématique se présente, la première étape consiste à marquer une pause afin de prendre du recul par rapport à la situation. Le recul, nous l'avons vu, nous évite bien des regrets et des conflits. Ce que je vous invite à faire maintenant est de prévoir des endroits où vous retirer dans le calme. À la maison par exemple, disposez-vous d'une pièce où vous réfugier? Ou alors pouvez-vous vous rendre dans un parc ou un petit café à proximité?

Donnez-vous la peine de noter sur une feuille les endroits où vous vous sentez bien. Faites-le maintenant, à tête reposée, afin de ne pas être pris au dépourvu le moment venu. Quand ça ne va pas et que vous n'arrivez plus à réfléchir, le moment est peut-être mal venu pour vous trouver un endroit calme. Gardez votre liste d'endroits bien en vue pour y avoir accès quand vous en aurez besoin, ou alors ouvrez un petit dossier sur votre téléphone cellulaire si vous l'avez toujours en main.

Peut-être vous dites-vous qu'il vous est impossible de sortir de la maison, car vous avez des enfants. Aménagez-y alors un petit endroit, bien à vous, au sous-sol ou alors dans une pièce donnée. Une de mes clientes se retire pour sa part dans la salle de bains.

C'est aussi ce que vous pouvez faire quand une situation qui vous demande une réflexion se présente sur votre lieu de travail. Rendez-vous à la salle de toilette et passez-vous de l'eau sur la figure. Ça ne prend que quelques secondes. Ou pratiquez simplement une technique de respiration pour calmer les émotions qui vous assaillent. Ce moment peut à lui seul changer le cours de votre journée. Cette première étape est donc primordiale; vous devez marquer un temps d'arrêt.

Ce qui compte avant tout à cette étape c'est de calmer votre esprit. Rappelez-vous que vous n'avez aucun contrôle sur vos émotions, mais que vous en avez sur vos pensées. Il ne s'agit donc pas de vous retirer pour mieux ruminer et amplifier l'émotion ou l'événement. L'objectif premier est, par conséquent, de calmer vos pensées, car à ce moment vous êtes un peu comme un enfant en crise et l'on n'apprend rien à un enfant en crise. Vous devez d'abord calmer l'enfant en vous pour pouvoir être en mesure de lui faire voir la situation telle qu'elle est.

Vous avez donc pris du recul, calmé vos pensées et votre respiration. Il s'agit maintenant de vous divertir. *Me divertir?* vous dites-vous! *Comment puis-je me changer les idées alors que tout ce que j'ai en tête est ce qui vient de se produire?*

Je vous invite à reprendre papier et crayon et à noter les activités que vous aimez faire quand ça va bien. Relisez-les chaque fois que vous sentez le besoin de revoir vos propres stratégies gagnantes, qui vous réussissent à vous.

Le cerveau, qui est malléable, ne fait pas de distinction entre ce qui va bien et ce qui va mal. Ce qui vous fait du bien quand ça va bien vous fait aussi du bien quand ça va mal. Peut-être vous entraînez-vous. Si vous êtes comme moi, vous n'êtes pas toujours en air de vous rendre au centre d'entraînement ou d'enfiler vos chaussures pour sortir courir ou marcher, mais quand vous le faites, que ça vous le dise ou pas, ça vous fait toujours du bien.

Pour ma part, ce qui marche à coup sûr quand ça va moins bien est d'aller marcher dans le parc derrière chez moi en prenant de grandes respirations. Je m'installe ensuite près de la chute et je lance à l'eau ce qui ne va pas. Je le regarde s'éloigner et imagine la légèreté qui m'habite maintenant que je m'en suis libérée. Je me donne le temps d'imprégner chaque cellule de mon corps de cette libération. Il est vrai que quand ça ne va pas, je n'ai alors pas envie de me rendre au parc, mais si j'y vais quand même, ça fonctionne à tout coup.

La femme dont je vous ai parlé tantôt, qui se réfugie dans sa salle de bains, a pris l'habitude de se divertir en prenant un bain pour ensuite imaginer que ses soucis disparaissent dans le renvoi avec l'eau du bain.

Au travail ou dans une place publique, allez vous laver les mains dans la salle de toilette ou mouillez votre visage tout en regardant vos soucis disparaître par le renvoi d'eau. J'ai coaché un petit garçon de sept ans qui avait peur de l'avion. Le moment venu, il s'est rendu dans la toilette de l'avion et il a regardé son anxiété disparaître avec force dans la cuvette quand il a tiré la chaîne.

Quand vous êtes en colère, anxieux, triste et que votre respiration est courte et saccadée, commencez par en reprendre le contrôle. Isolez-vous immédiatement et inspirez par le nez en gonflant le ventre puis expirez par la bouche. Reprenez encore et encore jusqu'à ce que vous calmiez votre respiration.

Vous observerez que quand votre respiration est calme, vos pensées le sont aussi. Concentrez-vous pendant quelques secondes sur l'air qui entre par vos narines et ressort par votre bouche, le temps voulu pour retrouver une respiration normale.

Donc, pour vous assurer que vos fondations sont parfaitement solides, dès que vous sentez que vous pourriez exploser et que vos idées s'embrouillent, sortez et respirez. Idéalement, changez-vous aussi les idées. Gardez sur votre frigo ou l'écran de votre portable les activités qui vous font du bien.

Personnellement, j'aime beaucoup le tricot et la broderie diamant, qui me demandent beaucoup de concentration si je veux réussir mes pièces. Pour la broderie diamant, je m'isole dans ma salle de méditation et je me concentre sur les numéros et les couleurs, ce qui me sort instantanément de l'émotion, puisque je ne peux à la fois me concentrer sur la pièce et me raconter des histoires sur ce qui vient de se passer.

CLÉ 48 : Plan d'action

Étape 1 : Marque un temps d'arrêt

Étape 2 : Respire

Étape 3 : Change toi les idées

Quand votre respiration et l'émotion se seront calmées, je vous invite à mettre des mots sur ce qui vient de se passer. Reprenez encore une fois papier et crayon et écrivez ce que vous venez de vivre. Parfois, déjà à cette étape, vous pouvez faire des prises de conscience et voir que votre perception était peut-être erronée, juste en mettant des mots sur vos maux. Assurez-vous d'écrire le tout à la première personne du singulier.

Étape 4 : Mets des mots sur tes maux : Que s'est-il passé exactement? Est-ce réellement ce qui vient de se passer ou te racontes-tu des histoires?

Étape 5 : Qu'as-tu ressenti? Nomme tes émotions.

Étape 6 : Quelles étaient tes sensations physiques? Tremblements, chaleurs, serrement des poings, mal de ventre, serrement de l'estomac?

Étape 7 : Quelles sont les pensées qui te sont venues spontanément en tête?

Après avoir tout noté, voyez dans quel schéma de pensées vous vous trouviez pendant l'événement. Jeffrey Young décrit des schémas de pensées récurrentes que vous avez développés dans votre enfance, faute d'avoir des clés pour vous en sortir et auxquels vous continuez de croire maintenant que vous êtes adulte, sans vous demander si c'est encore vrai aujourd'hui.

Voici les onze schémas de Young avec un bref descriptif. Nous avons tous un peu de chacun de ces schémas, mais certains sont ancrés plus profondément en nous. À vous de voir lequel vous colle le plus à la peau, ici à l'étape 8 :

Les schémas de Young

1- Le schéma *abandon* : *Je t'en supplie, ne me quitte pas!*

2- Le schéma *méfiance et abus* : *Je ne peux pas te faire confiance.*

3- Le schéma *carence affective* : *Mon besoin d'affection ne sera jamais comblé.*

4- Le schéma *exclusion* : *Je me sens à part.*

5- Le schéma *dépendance* : *Je ne peux pas me débrouiller seul.*

6- Le schéma *vulnérabilité* : *La catastrophe est imminente.*

7- Le schéma *imperfection* : *Je ne vaux rien.*

8- Le schéma *échec : Ma vie est un échec.*

9- Le schéma *assujettissement : Je fais tout ce que tu veux.*

10- Le schéma *exigence élevée* : *Ce n'est jamais suffisant.*

11- Le schéma *tout nous est dû* : *Je peux obtenir tout ce que je désire.*

Notez le schéma qui décrit le mieux votre façon de penser, puis ajoutez les distorsions cognitives qui sous-tendent chaque pensée. Revoyez les distorsions du chapitre 20, que je vous résume ici à l'étape 9.

Les distorsions cognitives

- La pensée dichotomique du tout ou rien, ou du noir ou blanc
- La généralisation excessive
- Le rejet du positif
- L'abstraction sélective
- La conclusion hâtive
  a) La lecture de la pensée d'autrui
  b) L'erreur de prédiction
- L'explication biaisée
- La dramatisation
- La minimisation
- Le raisonnement émotif
- Les *je dois* et les *je devrais,* à transformer en *j'aimerais*
- L'étiquetage
- La personnalisation
- L'équité et la justice
- Tout vous est dû
- L'anticipation du pire
- L'illusion de contrôle
- Le blâme
- Les pensées superstitieuses

Voyons maintenant comment tout cela fonctionne en nous servant de l'exemple de ma cliente qui faisait des scènes à son mari quand il manifestait le désir d'aller jouer au hockey avec ses amis. Supposons que son discours intérieur était le suivant : « Il ne m'aime pas tant que ça. Il préfère être avec ses amis. Il est égoïste et ne pense qu'à lui. Le hockey est plus important que moi. »

À ce moment, elle se perdait dans un tourbillon d'émotions comme la tristesse, l'incompréhension, la déception, la colère. Physiquement, son cœur se serrait, elle avait des palpitations et pleurait à chaudes larmes.

Dans quel schéma de pensées se retrouvait-elle donc? Ici, tout est question de perception si nous voulons jouer le jeu. Peut-être s'agit-il du schéma d'abandon ou de carence affective, ou encore celui de l'imperfection. À vous de voir ici quels schémas de pensées vous animent ainsi que les distorsions qui les sous-tendent.

Je vous invite maintenant à l'étape 10 à confronter vos pensées à l'aide des questions qui suivent. Posez-les-vous pour chacune des pensées que vous avez notées plus haut :

Confrontation de la pensée

– Quels sont les faits qui te prouvent que cette pensée est fondée? L'est-elle vraiment?

– As-tu eu une ou des expériences passées qui pourraient contredire cette pensée?

– Si un être cher avait cette pensée, que lui dirais-tu?

– Si tu demandais à cent personnes si elles croient cette pensée, que diraient-elles?

– Si tu reconsidérais la situation dans 5 ans, est-ce que tu l'envisagerais différemment?

– Y a-t-il des forces en toi que tu ne prends pas en compte?

– Pourrais-tu défendre cette pensée devant un juge?

– En quoi cette pensée t'aide-t-elle?

– Quelle est l'intention positive derrière cette pensée?

– Y a-t-il une autre façon de voir les choses?

– Dans le passé, quelles ont été tes pensées pour t'aider à retrouver un mieux-être?

– Fais-tu abstraction des éléments positifs?

Étape 11 : nomme l'impulsion qui est montée en toi, au départ :

– Quelle impulsion est montée en toi au départ avant de t'éloigner?

– Qu'as-tu eu envie de faire?

Étape 12 : Qu'as-tu fais à la place? Si tu as réussi à garder un certain contrôle, je te félicite. Considère le chemin que tu as parcouru plutôt que celui qu'il te reste à faire.

Comme vous l'aurez remarqué, je vois toujours le positif en tout. Nous venons de voir les schémas récurrents qui sous-tendent nos fragilités. Voyons maintenant les schémas positifs qui vous permettront de mettre l'accent sur vos bons côtés. Voyez lesquels de ces schémas vous utilisez déjà et lesquels vous aimeriez renforcer.

Étape 13 : On ne peut utiliser à la fois un schéma positif et un schéma négatif. À vous de mettre l'accent sur ce qui va bien en vous et de ne laisser aucune place à ce que vous ne voulez plus.

Schémas positifs

- *Le jeu est sain :* Vous êtes capable de vous amuser, de vous détendre, ce qui apporte un équilibre dans votre vie. Vous vous adonnez à des activités qui éveillent des émotions positives comme le plaisir et le calme, qui font partie d'un mode de vie saine.
- *Il est acceptable d'avoir comme objectif le bien-être :* Le plaisir est une expérience normale et non pas exceptionnelle. Vous pouvez le rechercher et l'accepter tout en le considérant comme faisant partie intégrante de votre vie.
- *L'altruisme :* Vous pouvez faire des choses pour les autres, même si cela implique parfois un sacrifice de votre part. Vous n'avez pas à donner aux autres pour vous faire accepter, mais vous pouvez choisir de donner simplement par gentillesse.
- *Prendre soin :* Vous avez conscience qu'il y a des gens autour de vous qui prennent soin de vous, mais qu'il est de votre propre responsabilité de combler vos propres besoins.
- *La stabilité relationnelle :* Vos rapports avec les gens qui vous importent sont stables. Les gens importants dans votre vie sont fiables et ils sont disponibles pour vous offrir soutien et affection. Vous êtes conscient qu'il est peu probable que les gens vous abandonnent intentionnellement.

- *La confiance :* Vous savez à qui faire confiance. Vos proches ne vous feront pas de tort et ne profiteront pas de vous. Vous savez que quand vous vous sentez blessé par vos proches, généralement ils ne le font pas de façon intentionnelle. Il est fort probable qu'ils cherchent plutôt à vous aider.

- *La socialisation :* Vous sentez que vous êtes socialement acceptable pour les autres et vous faites partie de groupes sociaux.

- *L'acceptation de soi :* Vous acceptez et vous aimez qui vous êtes. Vous savez qu'il y a place à l'amélioration et que vous continuerez à apprendre et à évoluer tout au long de votre vie. Mais vous êtes satisfait de la personne que vous êtes.

- *La réussite :* Vous pouvez atteindre les objectifs que vous vous fixez. Vous connaissez vos capacités, talents, compétences et dons. Les nouvelles situations sont des défis qui vous permettent de grandir.

- *Les compétences :* Vous gérez les difficultés quotidiennes de façon autonome. Vous êtes capable de prendre des décisions sans avoir recours aux autres. Vous pouvez demander et écouter l'opinion de vos amis sans vous sentir obligé de suivre leurs conseils.

- *La débrouillardise :* Vous pouvez vous aider et améliorer votre sort. Vous pouvez améliorer votre résolution de problèmes, avec ou sans l'aide de professionnels. Vous savez qu'une aide est disponible en cas de besoin. Vous êtes en mesure d'étudier ou de garder un emploi.

- *L'efficacité* : Vous êtes capable de gérer les problèmes au jour le jour. Même lorsqu'une situation semble catastrophique, vous pouvez y faire face, seul ou avec de l'aide.
- *Les frontières :* Vos frontières sont bien définies. Vous connaissez vos limites et vous les dites aux autres. Vous ne laissez pas les autres violer les frontières que vous avez établies.
- *Le contrôle de soi :* Vous êtes en contrôle et responsable de votre propre vie. Vous ne dépendez pas des autres et vous ne vous soumettez pas à eux.
- *La gestion des émotions :* Vous comprenez et modulez votre état émotionnel. Vos émotions sont des signaux et une façon qu'a votre esprit de communiquer avec vous. Vous vous servez de vos émotions comme de l'information. Vous n'avez pas besoin de réagir impulsivement à vos états émotionnels.

Quels sont vos schémas positifs?

Voici donc un résumé du plan d'action que je vous ai présenté dans ce chapitre qui est riche en enseignements. Servez-vous-en chaque fois que vous vous sentez envahi par l'émotion afin de comprendre ce qui vous arrive et d'en arriver à vous maîtriser.

Étape 14 :

– Qu'elles sont tes prises de conscience?

– Que vas tu faire de différents à partir de maintenant?

C'est avec la pratique que ce plan d'action deviendra pour vous un automatisme, en analysant ce qui vient de se passer pour en arriver à contrôler ce qui vous semblait incontrôlable au départ, faute de compréhension et de clés.

Voici donc dans l'ordre ce que vous devez faire :

PLAN D'ACTION

Étape 1 : Marque un temps d'arrêt.

Étape 2 : Respire.

Étape 3 : Change-toi les idées.

Étape 4 : Mets des mots sur tes maux : Que s'est-il passé? Est-ce réellement ce qui vient de se passer ou te racontes-tu des histoires?

Étape 5 : Qu'as-tu ressenti? Nomme tes émotions.

Étape 6 : Quelles étaient tes sensations physiques?

Étape 7 : Quelles sont les pensées qui te sont venues spontanément en tête?

Étape 8 : Quels schémas sont liés à ces pensées?

Étape 9 : Distorsions cognitives.

Étape 10 : Confronte chacune de tes pensées en te posant les questions énumérées plus haut.

Étape 11 : Nomme l'impulsion qui est montée en toi au départ.

Étape 12 : Indique ce que tu as fait à la place.

Étape 13 : Quel schéma positif était présent?

Étape 14 : Identifie tes prises de conscience.

Prendre le temps d'analyser et de comprendre ce qui se passe en vous permet de vous reprogrammer et de vous maîtriser comme l'adulte que vous êtes et non plus de laisser l'enfant sans ressource réagir dans votre corps d'adulte.

Mieux vous comprendrez vos modes de pensée et plus vous serez en mesure de bien communiquer avec les autres. Il ne suffit pas cependant de tout analyser. Vous devez effectuer des changements concrets pour obtenir des résultats différents et développer de meilleures relations dans la compréhension et la communication.

Dans le chapitre qui suit, nous verrons une approche pleine de sagesse.

CHAPITRE 25

Les lois spirituelles de l'Inde

Voici un bel apprentissage que je vous invite à mettre en visuel pour le garder en tête et l'implanter dans votre quotidien.

CLÉ 49 : Les lois spirituelles de l'Inde

J'ai toujours pensé que la vie était une grande école. Les leçons que nous avons à apprendre sont parfois fort amères. Nous blâmons alors les événements ou les gens, les rendant responsables de tous nos malheurs. Et si nous choisissions plutôt de les voir comme autant d'enseignants placés sur notre route pour nous aider à faire des prises de conscience?

PREMIÈRE LOI :
Quiconque vous rencontrez est la bonne personne

Personne n'entre dans votre vie par hasard. Toute personne avec qui vous entrez en contact est là pour vous enseigner quelque chose ou pour vous aider à améliorer une situation.

DEUXIÈME LOI :
Peu importe ce qui est survenu,
c'est la seule chose qui pouvait arriver

Rien, absolument rien, de ce que vous avez expérimenté n'aurait dû être autre chose. Il n'y a pas de « si seulement j'avais agi différemment, ç'aurait été différent ». Non. Ce qui s'est passé est la seule chose qui pouvait se produire pour apprendre la leçon et avancer. Chacune des circonstances de votre vie est absolument parfaite, même si cela défie votre compréhension et votre ego.

TROISIÈME LOI :
Chaque moment est le bon

Toute chose débute exactement au bon moment, ni trop tôt, ni trop tard. Quand vous êtes prêt à quelque chose de nouveau, tout est là, prêt à commencer.

QUATRIÈME ET DERNIÈRE LOI :
Ce qui est terminé est terminé

C'est simple. Lorsque quelque chose prend fin, c'est que l'expérience vous a permis d'évoluer et de vous enrichir. Elle n'a donc plus son utilité, et il vous suffit de lâcher prise et d'avancer.

Soyez bon pour vous-même. Aimez de tout votre être. Soyez toujours heureux.

CONCLUSION

Et ils vécurent heureux jusqu'à la fin des temps

La perception que nous avons des relations humaines change avec le temps, l'expérience, l'évolution et la sagesse. Plus jeunes, beaucoup sentent le besoin de s'entourer d'une foule d'amis, ce qui leur procure un faux sentiment de sécurité, en croyant que plus il y a de gens autour d'eux, moins ils seront seuls.

En vieillissant, il arrive que les gens s'éloignent les uns des autres et empruntent des routes différentes, souvent parce que ce qu'ils avaient à expérimenter avec eux a été expérimenté. Chaque personne qui croise votre chemin vous fait apprendre et grandir. Quand l'enseignement prend fin, une page est tournée.

Rappelez-vous lorsque vous étiez enfant et que vos parents vous donnaient un dollar pour acheter des bonbons. Ceux qui ont mon âge se souviendront des bonbons à un sou que nous achetions alors afin d'en avoir autant que possible. Nous choisissions la quantité au détriment de qualité. Maintenant que vous êtes adulte, si je vous donne le choix entre un grand nombre de gens sans réelle profondeur et une petite quantité de gens authentiques, lesquels choisirez-vous?

Enfant, vous n'avez pas les connaissances voulues, vous ne détenez pas les clés. Vous faites ce que vous pensez être bien. Vous procédez par essai et erreur, car vous êtes en apprentissage. Avec le temps, vous accumulez expériences et connaissances qui vous permettent de confronter les pensées que vous entretenez depuis fort longtemps et qui sont ancrées très profondément en vous.

Plutôt que de continuer à traverser la vie avec un énorme sac à dos, vous pouvez alléger votre fardeau et n'emporter avec vous qu'un petit baluchon contenant les clés d'une vie légère et harmonieuse.

Si vous ne retenez qu'une seule chose de votre lecture de ce livre, que ce soit celle de vous choisir d'abord et d'avoir une bonne relation avec vous-même. Soyez votre meilleur ami. Acceptez la pleine responsabilité de votre bonheur et vous serez heureux.

CLÉ 50 : La métaphore des lunettes

J'aime beaucoup cette métaphore dont je vous ai parlé plus tôt. Vous savez que vous avez besoin de lunettes, vous avez les lunettes en votre possession, mais si vous ne les portez pas, c'est que vous choisissez de ne pas voir clair.

Le même choix se pose ici. Dans les pages qui précèdent, vous avez appris de nouvelles choses ou vous saviez déjà tout cela et votre lecture vous a permis de vous rafraîchir la mémoire. Je vous ai remis des clés pour vous aider, des lunettes pour y voir clair. Si vous refermez ce livre sans rien mettre en application de ce que vous y avez appris, c'est comme de choisir de ne pas porter vos lunettes.

Je vous propose, pour terminer, une belle visualisation. *Imaginez que vous êtes assis à bord d'un avion. Soudain, l'appareil est pris de secousses au point que vous pensez que le pilote en a perdu le contrôle. Vous n'avez aucun contrôle sur ce qui se passe. Comme dans la vie, tout ce qui est extérieur à vous échappe bien souvent à votre contrôle.*

Les masques à oxygène tombent devant vous. Votre conjoint et votre enfant dorment à vos côtés, aidés d'un léger somnifère; ils ne sont pas conscients de la gravité de la situation. Vous êtes au bord de la panique. Tel un enfant en crise, il vous est impossible de réfléchir. Respirez, encore et encore; prenez de profondes respirations en inspirant par le nez et en gonflant le ventre, puis expirez par la bouche. Qu'allez-vous faire maintenant? Mettre un masque à votre enfant et un autre à votre conjoint au risque de mourir étouffé? Ou enfiler rapidement votre masque pour ainsi avoir assez d'oxygène pour aider ceux que vous aimez?

Si vous commencez toujours par vous occuper des autres, ne soyez pas surpris de manquer d'air. C'est le moment de vous donner la priorité et de prendre une bonne bouffée d'air pour ensuite être en mesure d'en donner aux autres. Plus vous vous aimerez et plus vous serez en mesure d'aimer les autres. Et plus aussi les autres auront envie d'être à vos côtés, parce que vous serez aimable.

Nous venons tous au monde avec des faiblesses et des forces. À vous de choisir quel côté de votre personnalité vous souhaitez dévoiler et faire briller.

Que ferez-vous maintenant de vos nouvelles clés?

Lorsque vous vous aimez, que vous connaissez votre valeur et mettez l'accent sur vos qualités et forces, vous êtes en mesure d'accepter l'amour de l'autre.

Je vous souhaite avec amour et bienveillance la plus belle relation qui soit avec vous-même. Le reste suivra.

Bibliographie

ANDRÉ, Christophe. *3 minutes à méditer*, L'iconoclaste, 2017

COUTU, Benoit. *À 2 clics de l'amour : 63 questions pour orienter votre destin sur les sites de rencontres*, Performance Édition, 2017

DEBAKER, Laurent. *Ho'oponopono : Miracle au quotidien*, ADA, 2019

HEER, Dain. *Sois toi et change le monde*, Trédaniel, 2016

LAVOIE, Johanne. *Borderline... mais pas folle!*, Performance Édition, 2017

LAVOIE, Johanne. *Borderline... et heureuse!*, Performance Édition, 2019

MILASAS, Simone et WATT, Brendon. *Les relations... Êtes-vous sûr d'en vouloir une?*, ACP, 2019

PRÉVERT, Jacques. *Paroles*, Folio, 1972

SIGOUIN, Louise. *Si on s'aima*it, Éditions de l'Homme, 2019

YOUNG, Jeffrey E. et KLOSKO, Janet S. *Je réinvente ma vie : Vous valez mieux que vous ne le pensez*, Éditions de l'Homme, 2013

Pour joindre l'auteure

Johanne Lavoie

www.johannelavoie.ca

www.facebook.com/johannelavoiecoachborderline

johannelavoiecoach

www.linkedin.com/in/johanne-lavoie

YouTube Johanne Lavoie, conférencière, auteure

info@johannelavoie.ca

Consultez mon site Web pour recevoir des capsules gratuites, augmenter votre taux vibratoire, faire votre tableau de visualisation et établir votre échelle de valeurs.

Vous avez aimé ce que vous venez de lire? Vous aimeriez que je vous accompagne dans votre cheminement? J'ai le mode d'emploi qu'il vous faut.

Je vous invite à vous inscrire à mes programmes en ligne, « Mode d'emploi pour réussir sa vie » et « La voie du mieux-être : un programme exceptionnel de 12 semaines ».

Borderline mais pas folle, c'est mon histoire. C'est celle d'une fille qui en a eu assez de broyer du noir et d'avoir toujours mal à l'âme, d'être sans cesse à la limite entre vivre et mourir, de se sentir emprisonnée dans une camisole de force et de ne pas savoir comment s'en sortir. D'après l'Institut universitaire en santé mentale de Montréal, de 10 à 15 % des gens souffriront de dépression au cours de leur vie.

Que de questions je me suis posées... et que de réponses j'ai trouvées! J'ai fait des études et testé tout ce qui pourrait me permettre de me reprogrammer afin de vivre heureuse au quotidien. J'ai pris le temps de m'arrêter et de comprendre chaque état, chaque impulsion, chaque comportement qui m'animaient et je me suis ainsi constitué un coffre à outils.

Je vous offre ici des moyens, simples et efficaces, qui vous permettront de changer instantanément votre humeur et vos comportements afin de vous libérer une fois pour toutes des liens qui vous tiennent en otage.

Si je vous raconte mon histoire aujourd'hui, c'est dans le but de vous donner de l'espoir. Oui, il est possible de vivre heureux au quotidien, borderline ou pas.

Borderline...et heureuse! jette un nouveau regard sur les gens qui vivent avec le trouble de la personnalité limite et propose à cette fin des connaissances et des stratégies simples pour reprogrammer son cerveau et mener une vie qui vaut vraiment la peine d'être vécue.

Johanne Lavoie a mené des recherches approfondies fondées sur la technique de modélisation en programmation neurolinguistique, domaine développé à partir de l'observation des comportements et de l'évolution de la pensée humaine. Le processus de modélisation implique de découvrir comment le cerveau neuro opère, en analysant les modèles de langage *linguistique* et de communication. Les résultats de cette analyse sont ensuite convertis en stratégies ou programmations, développées étape par étape, qui servent alors à transférer des compétences à d'autres personnes et à d'autres domaines d'application.

Voici donc des stratégies gagnantes établies par de nombreuses personnes qui vivent bien et heureuses avec le trouble de la personnalité limite. Suivez leur évolution tandis qu'elles se défont de leurs croyances limitatives pour en venir à croire à leur guérison, et profitez de plusieurs observations que fait l'auteure grâce à ses clients en coaching et ceux du groupe *Borderline Anonyme.*